Diane Stein

I Ging - Buch der Wandlungen

Diane Stein

I GING für Frauen

Buch der Wandlungen

mit einer Einleitung von LuisaFrancia und
einem Vorwort von Vicki Noble

aus dem amerikanischen Englisch
von LuisaFrancia

Frauenoffensive

1. Auflage, 1993

Originaltitel: The Kwan Yin Book of Changes

(Knollerstr. 3, 8000 München 40)

ISBN 3-88104-231-8

Druck: Clausen & Bosse, Leck
Umschlaggestaltung: Frauke Bergemann, München

Dieses Buch ist gedruckt auf Papier aus chlorfrei gebleichtem Zellstoff.

Inhaltsverzeichnis

Vorwort zur deutschen Ausgabe

In China, dessen Name als Schriftzeichen Land der Geister heißt, herrschte große Dürre. Die Schamanin Chen Jinggu hatte mit ihren beiden Helferinnen Lin und Li zu tanzen begonnen. Sie schamanisierten, um den Regen zu rufen - kein ungewöhnliches Ereignis im taoistischen China. Die Aufgabe war so schwer, daß Chen weit in die andere Welt gehen mußte, um den Regen zu erreichen. Sie tanzte und rief, bis sie tot umfiel. Als es zu regnen begann, starben auch ihre Helferinnen Lin und Li. Seither werden für die „drei Damen Chen, Lin und Li“ große Wallfahrten ausgerichtet. Sie werden noch heute in einigen Gebieten Chinas verehrt und um Hilfe angefleht, vor allem wenn es um den Kampf gegen böse Geister geht. Denn Macht über Geister können nur Frauen haben. Sie sind Yin wie die Erde, die Berge und die Höhlen, in denen die Geister leben, während Männer Yang sind, wie der Lebensraum über der Erde. Die „drei Damen Chen“ werden oft auch auf Pferden als Geisterbeschwörerinnen und Kämpferinnen gegen böse Dämonen dargestellt. Im taoistischen China waren sie nicht die einzigen mächtigen Frauen, die verehrt wurden. Da ist Mazu, die Göttin der Wasser und der Meere. Da ist Guanyin, die barmherzige Göttin, und da ist die Königin-Mutter des Westens. Über viertausend Jahre alt ist die Verehrung für diese Frauen. Grundlage allen Lebens aber, Anfang und Ende und Ziel aller taoistischen Meditationen und Sehnsüchte ist die Mutter aller Wesen, die universelle Mutter, der Weg, die Verbindung mit allen Wesen, der Pfad der Weisheit, das Alles und das Nichts - kurz Dao oder Tao genannt.

Das *I Ging Buch der Wandlungen* faßt eigentlich das Wesentliche der taoistischen Weltsicht zusammen und gründet sich auf, wie Max Kaltenmark in *Lao-tzu und der Taoismus* schreibt, das „Primat des Weiblichen“. Das Weibliche ist das „wu wei“ des Taoismus, das Nicht-Tun, die Bewegung, die Ruhe im Kern hat, das Fließenlassen, das einfach SEIN. Davon ist nach der konfuzianischen Bearbeitung des I Ging allerdings nicht mehr viel zu spüren. Wenn auch die Natur, die Elemente und der ständige Wandlungsprozeß das I Ging zu einem wundervollen Orakelbuch machen, für Frauen ist es dennoch oft frustrierend, ständig mit dem Erhabenen, mit dem Herrn konfrontiert zu sein. Nun kann natürlich kein Mensch für sich beanspruchen zu wissen, wie die Orakel vor der taoistischen Zeit, vor der Bearbeitung durch Konfuzius und Laotse ausgesehen haben.

Was wir wissen, ist, daß Orakel in der Hand von Frauen lagen, eben weil sie direkte Verbindung zum Wohnort aller Geister, Dämonen und Göttinnen haben (Kaltenmark). Und wir wissen aus dem Buch der Wandlungen selbst, daß Orakel für Menschen niemals unabhängig von den Zyklen der Natur, von den Wandlungen der Elemente und Zustände waren.

Der Konflikt zwischen dem Tao und der höfischen Gesetzgebung von Konfuzius wird in einer Sage ganz gut beschrieben: Eine taoistische Mystikerin, eine junge Frau, Hu Li, die sich ganz dem Austausch mit der Natur und der Kommunikation mit allen Wesen unter dem Himmel, mit der Mutter der Pflaumenkerne, der Mutter der zehntausend Wesen widmete, lebte allein im Wald und wurde von der Bevölkerung sehr verehrt, weil sie den Menschen ihre Fähigkeiten und Kenntnisse zur Verfügung stellte, ihnen half, wo sie konnte, und das Orakel für sie befragte. Dafür bekam sie von den Menschen Nahrung und Kleidung. Der Kaiser dieses Gebiets erfuhr von dem ungewöhnlichen Ruhm der jungen Frau, und sofort kam ihm eine Idee. Damals, etwa einhundert nach unserer Zeitrechnung, glaubte man, daß Erleuchtete ewiges Leben verschaffen konnten. Er ließ die Einsiedlerin von seinen Soldaten gefangennehmen und zum Kaiserpalast schleppen. Dort verlangte er von ihr, sie sollte ihm durch ein alchimistisches Ritual mit Zinnober und Gold eine unsterbliche menschliche Hülle verschaffen. Sie willigte ein, verlangte aber, daß sie zu allen Gärten und Zimmern des Palastes freien Zugang bekam, dann würde sie am Abend das Ergebnis ihrer alchimistischen Zauberei präsentieren. Der Kaiser war hocherfreut. Den ganzen Tag streifte sie durch Gärten und Ställe, durch Küche und Vorratskammern und schloß sich schließlich in einem Raum ein. Am Abend war ein großes Mahl aufgetragen, der Kaiser mit dem ganzen Hofstaat wartete ungeduldig auf die junge Magierin. Sie kam mit einer zugedeckten Schüssel herein und präsentierte diese dem Kaiser. Er hob den Deckel und erstarrte. Vor ihm lag der abgetrennte, gekochte Kopf seines jüngsten Sohnes. Als er aber Hu Li töten lassen wollte, hatte sie sich, in eine Füchsin verwandelt, bereits fortgeschlichen.

In dieser verwandelten Gestalt läuft sie nun durch die Welt und wird noch heute in Sechuan, einer Provinz Chinas, beispielsweise dadurch verehrt, daß ihr und allen Fuchsfeen, deren Königin sie ist, kleine Steinaltäre und Häuschen gebaut werden, wo immer rohes Fleisch für die Fuchs-Göttin geopfert wird. Die Füchsin gilt als heiliges, aber auch furchterregendes Tier. Sie kann helfen oder töten.

Diese Welt weiblicher Macht, weiblicher List, die Welt der Elemente und der ständigen Wandlung aller Zustände versucht Diane Stein in diesem Buch, dieser weiblichen Version des I Ging aufzuzeigen. Sie hat die Zeichen von konfuzianischen Einflüssen befreit und beschreibt die Orakelbilder im Einklang mit den Kräften der Natur und der Frauen. Ich arbeite seit Jahren mit beiden I Ging-Büchern, sowohl mit dem von Richard Wilhelm als auch mit dem von Diane Stein, und finde ihr Buch eine wunderbare Ergänzung - für viele Frauen sicher mehr als das, vielleicht sogar das einzig wahre I Ging für Frauen. Ich hatte großen Spaß daran, das *I Ging für Frauen* zu übersetzen, und habe mich während der Arbeit an der Übersetzung immer wieder in Orakeln verloren. Mein Zeichen für die Übersetzung war 27, Nahrung - die habe ich reichlich gefunden!

Und noch ein Hinweis: Sollte sich die eine oder andere Frau dadurch irritiert fühlen, daß das *I Ging für Frauen* ganz auf Frauen und eine Welt von Frauen ausgerichtet ist, sollte sie sich daran stören, daß im Universum der Schwestern und Töchter, der Erhabenen (weisen) und Spirituellen Frauen kein Raum für Männer ist, dann möchte ich kreatives Denken anregen - es gibt wohl kaum eine Frau, die sich bei dem Wort Versöhnung ausgeschlossen fühlt, und doch ist es verbal nur an die Söhne gerichtet. Die Welt der Frauen schließt die Söhne ein, die es ohne die Frauen nicht gäbe. Kreatives Umgehen mit Frauenwelten eröffnet tatsächlich neue Denkstrukturen für Frauen!

Luisa Francia

ZUR AMERIKANISCHEN AUSGABE DES I GING FÜR FRAUEN

Im alten, prädynastischen China waren Frauen Heilerinnen und Schamaninnen, die Ausübenden der magischen und spirituellen Künste, die „Wu“ genannt wurden. Sie kamen aus dem Süden. Der China-Forscher Joseph Needham beschreibt die „Wu“ als Frauen, die tanzten, die Federn in Nachahmung der Vögel trugen - wie so viele SchamanInnen auf der Erde. Später wurde in der chinesischen Kultur das Wu vollständig von Männern übernommen, die fortan als Heiler arbeiteten. In der Zeit der Han-Dynastie waren die Wu an den Höfen nicht mehr zugelassen. Langsam verschwanden sie aus der Öffentlichkeit.

Das alte chinesische Buch der Wandlungen, I Ging, ist ein Körper der Weisheit, der Erfahrung, der Wissens, der aus vierundsechzig Orakelteilen besteht und spirituelles Fragen und Antworten ermöglicht. Es ist das älteste geschriebene Dokument der Welt und wurzelt in der vorpatriarchalen Zeit Chinas, in der Zeit, als die Wu noch wirken konnten. Es wurde aber im Lauf der Zeit nicht unberührt weitergegeben. Aufgeschrieben wurde es ohnehin erst zu Beginn des patriarchalen Zeitalters in China, wobei schon erste Veränderungen vorgenommen wurden, und seitdem hat es große Veränderungen und Abwandlungen erlitten. Sogar die Hauptelemente, die grundsätzlich das Rad in Bewegung halten, wurden verändert, nämlich „Yin“ (das heute als das Weibliche gilt) und „Yang“ (das Männliche).

Diane Stein hat ihr *I Ging für Frauen* nach der traditionellen Struktur ausgerichtet und viel von der Sprache übernommen, so daß Frauen, die das I Ging schon kennen, gleich damit vertraut sein werden. Diane Stein hat aber kein „praktisches Handbuch“ der Orakel daraus gemacht. Statt dessen beschreibt jedes Hexagramm ein Bild, wie es auf einer Wasserfläche entstehen könnte. Du kannst darin deine Spiegelung, eine Erkenntnis, einen Augenblick von Verstehen sehen, während du eine Orakelsitzung machst, und dieser Schimmer von Wahrheit, der da auftaucht, bringt dein tieferes Wissen zum Klingen - wenn du darüber meditierst, wird dir die Bedeutung deiner Situation klarwerden. So sind die Hexagramme, die 64 Zeichen, wie *koans* im Zen-Buddhismus, wie Meditationen.

In Diane Steins Bearbeitung des I Ging wird das Weibliche aus der Tiefe der Geschichte geholt und nimmt seinen Platz wieder ein. Steins Buch ist frei von patriarchaler Sprache. Du wirst keine Heere, keine Herrscher und Erhabenen Männer, kein männliches schöpferisches Prinzip und kein schwaches weibliches finden. Stein setzt ihre Bearbeitung in einer Gemeinschaft von Frauen an und beschreibt alle Prozesse von der Welt des Weiblichen aus. So zeichnet sie eine matriarchale Gesellschaft, in der Frauen ihr Leben in die Hand nehmen und sich auch hingeben können. Auch Frauen, die nicht separatistisch empfinden, werden das Buch genießen, denn es wendet sich an den weiblichen inneren Raum in jeder Frau und dehnt sich von dort nach außen. Ich benutze es als phantasievollen rein weiblichen kreativen Spiel-Raum, in dem ich mich nicht nach männlichen Modellen verrenken muß. Diese Entfaltung des vollkommenen Weiblichen ist in keiner anderen Version des I Ging möglich und ist eine heilsame Erfahrung für Frauen.

Vicki Noble

Einführung

Die Welt des I Ging von Erde, Luft, Feuer, Holz und Wasser zu betreten, eine Welt der Annäherung, des Wartens, der Weisheit und der Verrücktheit, ist nicht unbedingt bequem oder leicht. Die Belohnung ist jedoch groß für alle, die mit dem I Ging wahr sagen und hell sehen. Wenn wir den Respekt für die Weisheit der Mütter darin entdecken, ist das chinesische *Buch der Wandlungen* ein Weg für das spirituelle Wachstum von Frauen, ein Wissen, das wir abfragen können.

Das I Ging, das aus einer Kultur, einer mystischen Zivilisation kommt, in der Amazonen und Kriegerinnen in Legenden verehrt werden, wurde patriarchal verdüstert. Deshalb fühlen sich Frauen heute wohl auch mehr zum Tarot hingezogen als zum I Ging, obwohl es zwischen beiden Orakelarten eine Verbindung gibt. Wie Tarot, wie überhaupt die ganze schriftlich überlieferte Geschichte gehen die Wurzeln des I Ging viel weiter zurück, als wir es heute nachweisen könnten. Ich hoffe, ich kann mit dieser I Ging-Bearbeitung dieses Orakel den Frauen neu erschließen.

Das *I Ging für Frauen* unterscheidet sich von allen Versionen des I Ging. Während diese mit Göttern, Kaisern und Regierungsbeamten umgehen, basiert dieses I Ging auf der matriarchalen Kultur der Göttin. Frauen in matriarchalen Gemeinschaften sind durch gemeinsamen Beschluß und individuelle Fähigkeiten die Gebieterinnen der Göttin. Jede Frau hat ihren Platz in der Gemeinschaft und ist ein lebenswichtiger Faktor darin, und jede Frau hat die gleiche Bedeutung und den gleichen Wert. Es gibt keine Klasse, keine Kaste, keine Rassen- oder Altersdiskriminierungen. Alle Frauen sind gleich. Jede Frau hat irgendeine Fähigkeit, und jede Fähigkeit wird gebraucht. Im Gegensatz zu üblichen I Ging-Ausgaben gibt es auch keine höher gestellten oder niedrigeren Teilnehmer am Rennen, denn im Matriarchat ist jede Frau die Erhabene.

Im *I Ging für Frauen* spielen Frauen die Hauptrolle, sie stehen im Zentrum aller Deutungen. Es gibt die Weisen Alten, die Priesterinnen, Mütter, Töchter und Schwestern, die alle Aufgaben erfüllen können.

Die Weise Alte ist die Erfahrene, die Lehrende und Heilerin, die sich aus den täglichen Geschäften zurückgezogen hat. Sie wählt das Alleinsein, aber nicht die Einsamkeit als Bestätigung ihrer eigenen Kraft. Obwohl sie an täglichen Entscheidungen nicht mehr teilnimmt, ist sie als wichtige Frau in der Gemeinschaft willkommen. Sie wird für das respektiert und geliebt, was sie von ihrem Wissen preisgibt, aber auch für das, was sie nicht teilen will. Sie ist die Weise Alte oder Eremitin im Tarot. Nirgendwo führt ihr Alter zu Beschränkungen, so wie es für alle Aufgaben in einer matriarchalen Gemeinschaft keine Altersgrenzen gibt.

Die Priesterin korrespondiert mit der Hohepriesterin im Tarot. Sie ist die Verbindung zwischen der Göttin und der Gemeinschaft. Sie ist die Frau, die andere Frauen anleitet, spirituelle Macht zu rufen und zu erden. Sie lehrt die alten Frauenmysterien, die Zyklen von Leben und Tod, der Jahreszeiten, der Erde und des Universums. Sie leitet Rituale und Feste, aber was noch viel wichtiger ist, sie hilft den Frauen der Gemeinschaft, die Weisheit der Göttin mit dem täglichen Leben zu verbinden.

Eine Mutter kann in diesem Buch eine Frau sein, die ein Kind hat oder schwanger ist, aber auch eine führende Kraft in der Administration. Ihr ist dieses Buch besonders gewidmet, denn ohne die mütterlichen Fähigkeiten und ohne ihre Organisation und das Zusammenbringen der Frauen in Gruppen gäbe es keine Frauengemeinschaften. Sie ist klar, verbunden, bewußt und entschieden. Sie hört zu, sie analysiert, sie beschwichtigt. Und sie agiert mutig, wenn die Zeit dafür reif ist. Sie ist die Herrscherin im Tarot, sie heilt und nährt. Wenn sie eine Gemeinschaft führt, dann weil sie von allen dafür gewählt worden ist und weil sie für ihre Fähigkeiten anerkannt und geliebt wird. Sie geht in Schönheit (*walks in beauty*, ein Ausdruck der Navajo-Nation für ein Leben in Harmonie mit allen Wesen) und in Fürsorge und Liebe für alle Wesen. Sie lehrt die Töchter, und ihre Schwestern wenden sich mit ihren Nöten an sie.

Die Tochter ist in dieser hier aufgezeigten Gesellschaftsform eine Frau jeden Alters, die zu einer anderen kommt, um zu lernen, und sie ist auch die Heiterkeit des fließenden Wassers, die jedes Kind als Potential in sich hat. Die Tochter wird in einem geschützten, liebevollen Raum genährt. Sie wird von den Müttern und den Priesterinnen freundlich unterwiesen, sie wird ermutigt, sich aus der Sicherheit hinauszustrecken und zu wachsen, während sie noch beschützt wird. Im Tarot könnte die Tochter die Närrin sein, der unschuldige Anfang allen Wissens gepaart mit überschäumender Freude und Lust. Sie ist Frühling und Licht, die Zukunft der matriarchalen Gemeinschaften, Vertrauen und überfließende Liebe.

Die Spirituelle Frau oder die Erhabene Frau im *I Ging für Frauen* könnte jede von uns sein, oder jede Frau hat etwas von beiden in sich. Die Erhabene Frau sucht nach der Essenz der Dinge, sie liest das Orakel. Im Tarot ist sie der Signifikator, diejenige, an die sich das Orakel wendet. Die Spirituelle Frau kümmert sich um die universellen philosophischen Fragen, während die Erhabene Frau sich den irdischen Problemen widmet, so wie der erste Teil dieses I Ging-Buches spirituell ausgerichtet, der zweite Teil dagegen mit irdischen Fragen befaßt ist. Die Spirituelle und die Erhabene Frau suchen in der Tiefe nach Antworten, sie sind zugleich Tochter, Mutter, Priesterin, Weise Alte, Schwester, Liebende und Geliebte.

Jede Frau in einer matriarchalen Gemeinschaft ist im Sinne des *I Ging für Frauen* Erhabene Frau und Spirituelle Frau zugleich, jede Fähigkeit und jede Rolle ist in ihr angelegt. Die Schwestern in einer Frauengemeinschaft arbeiten zusammen, sie spielen, heilen, helfen einander, feiern zusammen. Sie teilen ihre Welt, und sie bilden die Welt, die sie teilen. In einer matriarchalen Gemeinschaft ist jede Frau erfüllt und sicher. Das Matriarchat hat im Tarot eine entsprechende Karte: die Welt. Sie beschreibt eine Gemeinschaft, in der die einzelnen Frauen sich respektieren, wenn sie sich auch nicht lieben. Jede Frau leiht ihre Kraft und ihre Fähigkeit zu lehren und zu lernen der ganzen Gemeinschaft, die auf gemeinsamen Absprachen basiert. Der gemeinsame Konsens ist das Wissen um die Zyklen der Natur, dieses Wissen entspricht dem Rad des Lebens im Tarot. In dieser Art von Lebensgemeinschaften gibt es auch Kämpfe und Reibungen, die (an)erkannt und gelöst werden.

In der konfuzianischen Weltsicht gibt es zwar Harmonie mit den Naturgesetzen, aber die Natur selbst ist Gegnerin der Menschen, die durch den Lauf des nicht veränderbaren Schicksals bestimmt und festgelegt sind. Im *I Ging für Frauen* werden die konfuzianischen Prinzipien durch die ganzheitliche Lebensweise der Frauengemeinschaften ersetzt und herausgefordert. Als einem Teil des Universums ist in jeder Frau auch die Energie der Göttin, und sie ist auch Teil der Erde. Harmonie mit dem Kosmos heißt hier nicht, sich zu unterwerfen, sondern zu erkennen und sich zu verbinden. Die Erhabene, die Spirituelle Frau lebt in diesem Bündnis mit Erde und Universum in Frieden. Jede Frau ist ein Spiegel der anderen, die Gemeinschaft spiegelt die Zyklen der Erde, und die Erde spiegelt das Universum im Gleichgewicht.

Die Frauen dieser matriarchalen Gemeinschaften sind nicht durch Schicksal und Bestimmung gefesselt, sondern schöpfen ihren Lebensweg ständig neu. Durch Bewußtheit, Klarheit, Verbundenheit und Mitgefühl wählt die Erhabene Frau ihren Weg. Sie handelt, wenn es Zeit dafür ist, sie wartet, wenn Handeln Schaden bringt, sie zieht sich zurück, wenn Rückzug richtig ist. Aber in allem entscheidet sie selbst die Zeit, die Aktionsform und die Handlungen. Sie bewegt sich in diesem *I Ging für Frauen* nach den Naturgesetzen, aber die Grenzenlosigkeit ihres freien Willens steht ihr zur Verfügung. Keine Frau im *I Ging für Frauen* bestimmt über eine andere oder entscheidet für sie. Frauen helfen sich gegenseitig, aber keine geht den Weg der anderen. Jede Frau hat ihren Platz im Rad des Lebens und arbeitet spirituell daran, diesen Platz zu verstehen oder ihn zu verändern. In den Wandlungen der Natur wandelt sich auch jede einzelne Frau.

Im *I Ging für Frauen* werden Beziehungen zum Tarot, zum Wicca-Jahreskreis, zum Weg des Lebens der Hopi und zum Zodiak hergestellt. Jedes Beispiel dieser Verbindungen ist aber nur ein Vorschlag, soll einen kreativen Umgang mit den verschiedenen spirituellen Möglichkeiten anregen und nichts definitiv festlegen (siehe Anhang II).

Für häufige Benutzerinnen des *I Ging für Frauen*, die sich auch mit Tarot beschäftigen, sind die Verbindungen zwischen den Orakelspielen offensichtlich. Ich danke Vicky Noble für ihr hervorragendes Tarotbuch *Mythen, Musen und Tarot (Motherpeace Tarot)*, auf das ich mich hier beziehe. Die Wicca-Jahreszeitenfeste verdanke ich Starhawks *Der Hexenkult*. Die Verbindung zur Hopi-Nation und ihren spirituellen Wegen verdanke ich Frank Waters' *Buch der Hopi*. Die Titel der Hexagramme sind weitgehend verändert, da die Philosophie des *I Ging für Frauen* eine sehr andere ist als die konfuzianische. Grundlage der Referenz zum *I Ging Buch der Wandlungen* ist Richard Wilhelms Übersetzung (das in Deutschland übliche I Ging-Buch). Wo direkt zitiert wurde, habe ich das im Text vermerkt.

Wie das I Ging für Frauen benutzt werden kann

Das *I Ging für Frauen* eignet sich, um prophetisch damit zu arbeiten, Situationen zu analysieren, Möglichkeiten zu klären. Es ist auch bei Beziehungsfragen eine gute Ratgeberin. Verwandt mit Tarot und den nordischen Runen, ist es mindestens dreitausend Jahre alt und chinesischen Ursprungs. Frauen, die das I Ging befragen, sind sich darüber klar, daß die treibende Kraft der Natur die Wandlung ist. Das Orakel arbeitet in der Gegenwart und beschreibt die Situation und die Aspekte im Augenblick der Frage. Es reflektiert die Vergangenheit und die Zukunft als Faktoren, die in der Gegenwart eingeschlossen, mit ihr untrennbar verbunden sind. Es sieht keine konkrete Zukunft voraus, da die Aspekte sich gewandelt haben werden, wenn die Zukunft eintrifft. Das I Ging kann raten, welcher Weg eingeschlagen werden kann, welche Möglichkeiten, welche Wahl zur Verfügung stehen.

Wie jedes spirituelle Hilfsmittel soll das I Ging mit Respekt und Achtung behandelt werden. Dummes wiederholtes Fragen oder Tests, wie clever das I Ging wirklich ist, erübrigen sich damit. Im Hexagramm 4, Jugendtorheit, steht: Auf die dritte Nachfrage wird nicht mehr geantwortet. Die Erhabene Frau wiederholt nicht immer wieder dieselben Fragen in einer Sitzung.

Um das I Ging zu benutzen, werden drei Münzen benötigt, aber andere Objekte, die zwei verschiedene Seiten haben, können auch verwendet werden (z.B. Kaurischneckenhäuser). Die eine Seite der Münze oder des Objekts repräsentiert das Helle, die andere das Dunkle, eine Yin, eine Yang. Wenn die drei Münzen sechsmal geworfen werden, ergeben sich daraus sechs Linien. Jede Linie ist ein Wurf. Sechs Linien ergeben ein Hexagramm, das von unten nach oben aufgebaut wird. Vor dem Wurf muß festgelegt werden, welche Seite der Münze Yin und welche Yang ist. Yin hat den Zahlenwert 2, Yang hat 3. Gehen wir einmal davon aus, daß Kopf Yin, also 2, und Zahl Yang, also 3 ist. Das ergibt:

—x—	6 (altes Yin, bewegliche Linie)	3mal Kopf
———	7 (junges Yang, feste Linie)	2mal Kopf, 1mal Zahl
— —	8 (junges Yin, feste Linie)	2mal Zahl, 1mal Kopf
—o—	9 (altes Yang, bewegliche Linie)	3mal Zahl

Gehen wir zum Beispiel davon aus, daß in sechs Würfen folgendes Zeichen entstanden ist:

—o—	dreimal Zahl
— —	zweimal Zahl, einmal Kopf
—x—	dreimal Kopf
— —	zweimal Zahl, einmal Kopf
———	zweimal Kopf, einmal Zahl
—o—	dreimal Zahl

dann sind die beiden daraus resultierenden Hexagramme:

———   — —
— —   — —
— —   ———
und
— —   — —
———   ———
———   — —

Hexagramm 41 Sun und Hexagramm 4O Hie

Die beweglichen Linien wandeln sich zu ihrem Gegenteil. Die mit einem x durchbrochene alte Yin-Linie wird zuerst als Yin, also wie das junge Yin gelesen und wandelt sich zum jungen Yang. Die mit einem Kreis durchbrochene durchgehende alte Yang-Linie wird zuerst als Yang, also wie das junge Yang gelesen und wandelt sich zum jungen Yin. Ist das Orakel geworfen, oder mit Schafgarbenstengeln ermittelt (* siehe am Ende dieses Kapitels), wird das ermittelte Zeichen auf der Hexagramm-Tabelle nachgesehen, der obere Teil des Zeichens ist auf der oberen Zeichenleiste zu finden, der untere Teil des Zeichens auf der linken vertikalen Leiste. Der Schnittpunkt der beiden Trigramme in der Tabelle ergibt das gefundene Zeichen. Auf die gleiche Weise wird das gewandelte Zeichen festgestellt. Es gibt acht grundsätzliche Hexagramm-Muster, und als Trigramm wird die Kombination der oberen oder unteren drei Linien bezeichnet. Das Werfen von drei Münzen ergibt vier mögliche Kombinationen für eine Linie, die drei Linien eines Trigramms haben acht Kombinationsmöglichkeiten. Die beiden Trigramme zusammen oder eben die sechs gefundenen Linien haben 64 Möglichkeiten, ein Zeichen zu bilden. Die acht Trigramme sind nach Kräften der Natur und der Göttin benannt. Jede dieser Trigramm-Linien hat den Zahlenwert 6 oder 9. Dieser Zahlenwert erscheint wieder bei der Beschreibung der Zeichen (z.B. 6 auf dem dritten Platz oder 9 auf dem fünften Platz).

Die acht Urzeichen:

———
——— Kien - Luft, die Doppelaxt, das Schöpferische, der Himmel
———

— —
— — Kun - Erde, das Pentagramm, das Empfangende
— —

— —
——— Kan - Wasser, Wolken, Kelch, das Abgründige
— —

———
— — Li - Feuer, der Stab, Blitz, Feuer, das Haftende
———

— —
— — Dschen - Donner, das Erwachen, das Erregende
———

———
— — Gen - der Berg, das Stille Halten
— —

———
——— Sun - das Sanfte, das Eindringen, der sanfte Wind, das Holz
— —

— —
——— Dui - der See, das Heitere
———

Das Reduzieren des Zahlenwerts auf 6 oder 9 bedeutet eine Vereinfachung der traditionellen Zahlen- und Deutungswerte. Im chinesischen I Ging werden die Zahlen, um ein Hexagramm zu finden, schließlich zwar auf 6 und 9 reduziert, aber das Orakel beginnt weitläufiger und enthält zuerst noch andere Zahlenwerte. Das Orakelwerfen mit Münzen ist natürlich auch eine Abkürzung, die heute im Westen dem langen Schafgarbenorakel vorgezogen wird. Obwohl das *I Ging für Frauen* ein sehr komplexes Orakel ist, wird es mit etwas Übung erstaunlich einfach und gibt tiefe, gründliche Antworten.

Eine Frau, die das I Ging befragt, will vielleicht ganz klar ja oder nein wissen, will Auskunft über ihre Möglichkeiten und deren Folgen. Das *I Ging für Frauen* basiert auf dem Prinzip, daß Frauen ihr Leben durch eigene Entscheidungen selbst in die Hand nehmen und kontrollieren, und so klärt das Orakel das Umfeld der Frage, beschließt aber nicht schicksalshaft, was eine zu tun hat. Entsprechend werden die Antworten um so erhellender, je mehr meditative Nacharbeit eine Frau in ihr Orakel investiert. Die Hexagramme 1 bis 30 beziehen sich auf spirituelle Inhalte und das Unbewußte, die Hexagramme 31 bis 64 betreffen mehr das tägliche, praktische Leben. In jeder Kategorie überlappen sich natürlich auch spirituelle und alltägliche Belange. Jede Frau, die sich auf das Orakel vorbereitet, indem sie ruhig und gut geerdet ganz bei sich ist, wird im *I Ging für Frauen* viele Informationen und viele Geschenke finden.

Eine gute Vorbereitung für ein Orakel ist ein kleines Ritual oder eine Meditation. Der Raum sollte keine Ablenkungen bieten, und Zeit sollte nicht zu knapp sein. Manche Frauen bauen sich einen Altar, der vielleicht aus dem I Ging-Buch und drei Münzen bestehen kann, einen symbolischen Raum, der das Orakel vorbereitet. Außerdem werden Papier und Stift benötigt, um das gefundene Hexagramm aufzuzeichnen. Das Ritual kann auch üppig sein, weiße und rote Kerzen können aufgestellt werden und Gegenstände, die die vier Himmelsrichtungen bzw. die vier Elemente darstellen, wie eine Muschel, eine Wasserschale, Räucherstäbchen, eine Feder, ein Stab oder ein Kristall, Weizen, ein Stein, die Figur eines Tiers.

Wer das *I Ging für Frauen* befragen will, sitzt am besten aufrecht und bequem auf der Erde vor dem I Ging-Altar, zündet Kerzen und Räucherstäbchen an und läßt alle Sorgen und Beunruhigungen aus dem Kopf fallen. Tiefe, regelmäßige Atemzüge bereiten den Körper auf das Orakel vor. Der Alltag tritt hinter Stille und Frieden zurück.

In der Stille wird die Göttin gerufen. Das kann ganz formal geschehen, indem ein Kreis gezogen oder einfach ihr Name gerufen wird. Die Göttin der Barmherzigkeit, des Mitgefühls, aber auch die Schutzgöttin des I Ging ist Guanyin, die Mutter aller Dinge, die alles versteht und Frieden bringt. Bitte sie, beim Orakel anwesend zu sein, vielleicht hast du ein Bild von ihr, das du aufstellen kannst. Während die Frage konzentriert im Geist formuliert wird, sollten die drei Münzen oder die Schafgarbenstengel in der linken Hand gehalten werden. Laß dir Zeit, bis die Frage ganz klar ist. In jeder Sitzung sollte nur eine Frage gestellt werden. Jetzt kannst du die Münzen in die rechte Hand nehmen und sie für die erste, die unterste Linie des Hexagramms werfen. Fünf weitere Würfe vollenden das Zeichen.

Suche das Zeichen in der Zeichentabelle am Ende des Buches und lies den Text, der unter der Nummer des Zeichens im *I Ging für Frauen* steht. Lies den Text langsam und gründlich und stelle eine Beziehung zwischen dem Antworttext, der Jahreszeit, deinem Zustand und deiner Verbundenheit mit der Natur her. Wende dich den beweglichen Linien zu und ergründe die Veränderungen, die neuen Aspekte und Möglichkeiten. Vergleiche die beiden Zeichen, die sich aus deiner Frage ergeben haben, und deute die Wandlungen, die sich ergeben. Dann kommst du zur Ruhe und meditierst über die Antwort. Laß alle Aspekte der Orakelantwort in dich einfließen, suche keine schnellen Antworten im I Ging. Zum Schluß kannst du den Text der Zeichen noch einmal lesen. Wenn alles klar ist, bedanke dich bei der Göttin, bei den gerufenen Kräften und verabschiede dich. Öffne den Kreis, lösche Kerzen und Räucherwerk oder beginne eine neue Orakelsitzung.

Im traditionellen China wandten sich Frauen direkt an das Orakel, während Männer die Priesterin darum baten. Wenn Männer heute das Orakel befragen, sollten sie zuerst die weibliche Kraft anrufen. Das *I Ging für Frauen* kann auch als Jahreskreismeditation verwendet werden. Die Beziehungen zu den Jahreskreisfesten sind im Anhang I beschrieben. Wenn die Zeichen entsprechend der Jahreszeitenfeste eingesetzt werden, erübrigt sich das Werfen von Münzen. Du wählst einfach das Hexagramm, das im Anhang I dem Jahreszeitenfest entspricht, das du feiern, über das du meditieren möchtest. Der Altar könnte dann der Jahreszeit und dem Fest angepaßt sein.

Die Hexagramme des *I Ging für Frauen* können auch als Meditationszyklus zum Verständnis der Verbundenheit aller Dinge und Wesen dienen. Die Wandlung der Zeichen, die Kräfte, die kommen und vergehen, der Fluß von Zeit und Ereignissen helfen die ganzheitliche Sicht auf Erde und Kosmos zu entwickeln. Das Rad des I Ging dreht sich unter Guanyins sanftem Atem.

* *Anmerkung der Übersetzerin zum Schafgarbenorakel:*
Diane Stein hat in ihrem *I Ging für Frauen* das Schafgarbenorakel erwähnt, aber nicht beschrieben. Tatsächlich wird es im modernen

I Ging-Gebrauch kaum je verwendet. Es gibt aber zwei Gründe, es wenigstens zu lernen und gelegentlich zu benutzen. Einmal verbindet das Suchen und Trocknen der Schafgarbenstengel, das Zusammenbinden und Hüten dieser Orakelstäbchen die Orakelsuchende sehr stark mit der Natur. Zum anderen waren die taoistischen MeisterInnen der Frühzeit nicht blöd und wußten genau, wie schwer es ist, den ständig rotierenden Geist zu beruhigen und zum Punkt, zum Kern, nämlich der Ruhe in der Bewegung, zu wu wei zu kommen. Sie erfanden also das Schafgarbenorakel, und siehe da, nicht nur die Hände waren beschäftigt, sondern auch der Geist. Was immer an Dringlichkeiten den Geist vernebelte, was immer auch wichtig und unaufschiebar schien, das Auszählen der Stäbchen ließ es verschwinden. Die Kraft der Wandlung kann sich erst entwickeln, wenn die kleinkarierte menschliche Planung leerläuft. Die Entdeckung dieses Schafgarbenorakels verdanke ich Susanne Kahn-Ackermann.

Für das Orakel werden fünfzig Stäbchen gebraucht, nur 49 werden aber verwendet. Das fünfzigste wird beiseitegelegt, als Hinweis dafür, daß wir nicht alles haben, nicht über alles verfügen können. Für Guanyin oder die Fuchsgöttin Hu Li. Für die drei Damen Chen, Lin und Li oder ganz einfach für das Universum.

Die fragende Person teilt das Bündel mit 49 Stäbchen. Vom rechten Bündel wird ein Stäbchen genommen und zwischen Ringfinger und kleinen Finger der linken Hand gesteckt. Dann wird das linke Bündel gezählt, das heißt, immer vier Stäbchen werden weggelegt, bis vier oder weniger Stäbchen übrigbleiben. Diese übriggebliebenen Stäbchen werden zwischen Ringfinger und Mittelfinger gesteckt. Dann wird der rechte Haufen genauso durchgezählt und die übriggebliebenen Stäbchen zwischen Mittelfinger und Zeigefinger gesteckt. Das ist eine Wandlung. Jetzt hat die fragende Person entweder fünf oder neun Stengel in der Hand. Die beiden Restbündel von Stäbchen werden jetzt wieder vereint und aufs Neue durchgezählt wie vorher, wieder wird ein Stäbchen vom rechten Bündel zwischen kleinen Finger und Ringfinger gesteckt, wieder wird erst der linke, dann der rechte Haufen durchgezählt, indem vier Stäbchen weggelegt werden, bis schließlich fünf oder neun und dann vier oder acht Stäbchen zwischen den Fingern stecken. Die Fünf und die Vier bekommen den Zahlenwert 3, also Yang, die Neun und die Acht bekommen den Zahlenwert 2 oder Yin. Wenn also dreimal hintereinander auf die beschriebene Art durchgezählt wurde, entstehen drei Zahlen, die addiert werden: z.B. 3+2+2=7, das junge Yang, ———, ein durchgehender Strich; 2+2+2=6, das alte Yin, —x—; 3+3+3=9, das alte Yang, —o—, ein beweglicher fester Strich, und 3+3+2=8, das junge Yin, — —. Es braucht also drei Zahlenwerte, dreimal das dreimalige Teilen eines Schafgarbenbündels, um einen Strich für das Hexagramm zu finden.

Zum Nachlesen eignet sich natürlich ganz besonders Richard Wilhelms *I Ging-Buch* im Eugen Diederichs-Verlag. Zum Einlesen in die Wunder der taoistischen Welt empfehle ich David Paynes *Bekenntnisse eines Taoisten an der Wall Stree*t im Knaur-Verlag (Payne beschreibt das Schafgarbenorakel übrigens leider falsch...) und Max Kaltenmarks *Lao-tzu und der Taoismus* bei Suhrkamp.

Im Verlag Otto Wilhelm Barth ist das *Tao Te King* von Laotse oder Lao-tzu, wie Kaltenmark schreibt, erschienen, und ganz überflüssig ist auch Dschuang Dsi, *Das Wahre Buch vom Südlichen Blütenland*, 1923 bei Diederichs erschienen und inzwischen vermutlich vergriffen, nicht. Mir eine reine Freude, aber manchen vielleicht zu anspruchsvoll, ist *Zutritt nur durch die Wand* von Wu-men Hui-k'ai, einem taoistischen Meister und Zeitgenossen von Konfuzius, der es wagte, taoistische Erkenntnisse jenseits der konfuzianischen dreitausend Regeln und mindestens so vielen Bestrafungen unters Volk zu bringen. Auf deutsch mit Kommentaren beim Verlag Lambert Schneider in Heidelberg. Und schließlich empfehle ich wärmstens Carol K. Anthony's *Handbuch zum klassischen I Ging*, erschienen im Diederichs-Verlag 1989 in der Übersetzung von Hanna Moog, die ihrerseits eine anregende Fachfrau für I Ging ist und Kurse gibt.

TEIL I

1. KIEN - DAS SCHÖPFERISCHE UNIVERSUM

oben: Kien - das Schöpferische, Himmel, Luft, Labrys

unten: Kien - das Schöpferische, Himmel, Luft, Labrys

Kiens sechs positive, starke Linien sind der Beginn der Spiritualität in Frauen, die Göttin in ihrer ersten Erscheinungsform, die Doppelaxt der Schöpfung. Sie ist die Idee und die Handlung, die sichtbar macht. Sie ist die Windbringerin, die Kraft, in der alles enthalten ist. Kien ist das Bild des Universums, Energie, die fließt und schöpferisch wirkt, mit der Zeit und unabhängig von ihr. Zeit und die Macht der Zeitlosigkeit bewirken den immerwährenden Kreis des Lebens, der die Göttin verkörpert.

Dieses Hexagramm drückt die Macht, aber auch die Harmonie der schöpferischen Kraft aus, die Spirale heilender, heiliger Kräfte, die auf das Leben von Frauen einwirken, so wie die Doppelaxt der Kanal ist, durch den die spirituellen Kräfte des Universums in der Hand der Priesterin kanalisiert und auf die Erde gebracht werden.

Das Schwert oder die Doppelaxt stehen für die kreative Kraft der Luft. Mit der Gedankenform beginnt alles. Alle Aspekte spiritueller Arbeit, jede Abstraktion, jeder Gedanke, jeder Lernprozeß werden von der Luft getragen und von der Doppelaxt symbolisch vertreten. Im Tarot ist der Bereich der Schwerter dafür zuständig. Die Sonne geht im Osten auf, die Farben des klaren Lichts, der frühen Hoffnung weben das schöpferische Universum und wecken die Kräfte der Luft.

DAS ZENTRUM
Frauenspiritualität. Segen.

Die Göttin ist
Allumfassende Kraft.
Andauernder Frieden.

Die Antwort auf diese Orakelfrage ist Frieden, der durch Harmonie im Universum und mit dem Universum entsteht. Stärke kommt aus der Bemühung, das Wohlergehen aller Frauen, nicht nur das eigene im Auge zu haben. Es ist gut, das Richtige zu tun und daran festzuhalten. Unerschöpfliche Möglichkeiten, Transzendenz und die Kraft, durchzuhalten, sind die Gaben der Göttin, die dieses Hexagramm bringt. Sie sind erreichbar.

Alles, was existiert, begann als Idee, als Gedankenform. Schon im Samen ist der ganze Baum enthalten, die Lebenskraft wächst mit ihm. Aus kostbarem Erz wird die Labrys geschmiedet werden. Durch die Verbindung mit dem Kreislauf aller Wesen der Schöpfung findet die Frau Wahrheit und spirituelle Kraft. In der Erkenntnis, daß alles im Universum verbunden ist, die universellen Gesetze auch die Gesetze der Frauen sind, liegt große Kraft. Jede schöpferische Handlung fördert die natürliche Ordnung aller Dinge und der Göttin. Zeit fließt in Zeitlosigkeit, aus dem Samen wächst die Eiche, das Erz wird geborgen und gewandelt.

Die Spirituelle Frau bringt Kraft und Frieden in die Gemeinschaft, ihre Handlungen formen und erkennen die natürliche Ordnung. Aus uralten Erzen, die in der Erde verborgen sind, erschafft sie die Doppelaxt, die den Frauen Macht und Veränderung bringt. Ihre Ideen verwandeln Gedanken mit Hilfe von Materie in sichtbare Wirklichkeit. Im Kreis hält die Priesterin die Doppelaxt hoch. Durch die Macht der Imagination werden alle Dinge möglich und wirklich.

Das Erz stellt die Idee dar, die Doppelaxt ist die Form. Die Frau mit der Doppelaxt verwirklicht die kreative Gemeinschaft der Frauen, in der das Invdividuum in der schöpferischen Kraft gespiegelt wird und die Erde in den Galaxien wieder und wieder ihr Ebenbild findet. Wie oben, so unten.

Das Bild

Die Doppelaxt
Der Schöpferischen Kraft:
Die Spirituelle Frau
Ist erhaben und hält aus.

Das Trigramm des Schöpferischen ist in diesem Zeichen zweimal enthalten und weist auf die unendliche Bewegung des Universums hin. Der Tag endet, aber ein neuer Tag kommt. Jedes Jahr wird von einem neuen Jahr abgelöst. Das Ergebnis der Bewegung ist Zeit, die immerwährende Wiederholung von Bewegung führt in die Zeitlosigkeit. Ein Andauern ohne Ende löst die Zeit auf und wird zur Bewegung jenseits aller Berechnungen. Das ist die Macht der Luft, das Prinzip des Schöpferischen.

Nach dem Gesetz des Schöpferischen entwickelt die Spirituelle Frau ihre Ideen zu Fähigkeiten. Sie wächst machtvoll und in Harmonie, weil sie ihre gute Substanz pflegt. Sie hebt ihre Doppelaxt voll strahlender Stärke, gewinnt unbeirrbare Durchhaltekraft und Verantwortung für ihr schöpferisches Tun und rückt damit ihre Ziele in erreichbare Nähe. Die Gemeinschaft wächst durch die Erkenntnis der kosmischen Gesetze. Alles fließt.

Die Bewegung

Neun am Anfang (auf der untersten Linie):
Ungenutzes Potential.
Die Macht der Drachin
Wartet.

Drachinnen sind Kreaturen der Luft und das chinesische Symbol für Macht und Erwachen. Die Drachin ist aktive Kraft, Licht, Blitz, Leben. Sie stellt die Urkräfte des nicht geförderten Erzes dar. Im Winter bleibt die Drachin unter der Erde. Wie die Göttin kommt sie im Frühling aus der Erde und entfaltet sich zu neuer Lebenskraft.

Im tiefen Mittelpunkt der Erde verborgen, ist die Drachin zwar still, aber aufmerksam. Für eine Frau bedeutet dieser Zustand: Sie hat Fähigkeiten, die noch nicht erkannt wurden, sie werden nicht genutzt, sind aber bereit. Sie ist sich ihrer Macht und ihrer Möglichkeiten bewußt und wartet in Ruhe ab, bis ihre Zeit gekommen ist. Macht, die zu früh ausgeübt wird, wandelt sich in Gewalt. Es gilt, Gewalt zu vermeiden. Jede Handlung hat ihre Zeit.

Neun auf dem zweiten Platz:
Die Drachin zeigt sich.
Die Spirituelle Frau
Beginnt.

Die Macht erscheint und funkelt. Mit dem Frühling weht die erste fruchtbare Brise, die Drachin bewegt sich. Die Spirituelle Frau beginnt ihren Kreis von neuem in der Lebensgemeinschaft mit Gleichen. Ihre Kraft wird von ihren Gefährtinnen anerkannt, ihr Wissen, ihre Offenheit und ihre Integrität sind willkommen. Ihr Platz auf dieser Erde und in der Gemeinschaft, in der sie lebt, verbessert sich. Jetzt ist es Zeit zu beginnen.

Neun auf dem dritten Platz:
Sie arbeitet den ganzen Tag.
In der Nacht ruht sie nicht.
Vorsicht, aber kein Irrtum.

Die Spirituelle Frau wird von ihrer Gemeinschaft akzeptiert, ihre Fähigkeiten werden genutzt. Das Erz wird gefördert und geschmiedet. Sie hat Verantwortung und kümmert sich. Wenn andere schlafen, arbeitet sie und sorgt sich. Sie ist achtsam und wird von der Mühe nicht überwältigt. Gefahr nähert sich, aber wirkliche spirituelle Kraft bleibt davon unberührt. Die Weise Frau, die im Einklang mit der Harmonie aller Wesen bleibt, vermeidet Irrtum.

Neun auf dem vierten Platz:
Eine Wahl steht an.
Zwei Wege,
Beide richtig.

An den beweglichen Punkten zwischen Veränderungen beginnt die Wahl. Die Spirituelle Frau entscheidet sich entweder dafür, eine Gemeinschaft für eine Weile zu führen und zu leiten, oder sie geht den inneren Weg zur Priesterin, zur spirituellen Helferin anderer Frauen. Beide Möglichkeiten sind im Rad des Lebens wertvoll und wichtig. Die Spirituelle Frau entscheidet sich im Einklang mit ihrer eigenen Entwicklungsspirale. Sie handelt aus geerdeter Harmonie und findet den Weg zum Glück, der ihr selbst und anderen gut tut. Ihre Wahl ist in jedem Fall gut, und sie wählt gut.

Neun auf dem fünften Platz:
Die Drachin fliegt
Und landet auf der Erde.
Wohlbefinden für alle.

Die Spirituelle Frau erlebt die allumfassende Kraft der Schöpfung in sich, und die Gemeinschaft folgt ihr auf ihrem Weg. Der Fluß der universellen Macht der Göttin wird durch sie kanalisiert und geerdet. Sie lernt, und sie lehrt. Sie ist stark in ihren Gedanken, ihren Handlungen und ihrer Liebe. Alle, die ihr begegnen, werden von ihrer Kraft angesteckt, sie schickt keine Schwester fort. Die Göttin ist angetan von den Entscheidungen ihrer Tochter, und sie schenkt ihr Erfolg.

Oben eine Neun:
Ehrgeiz trennt sie
Von den anderen.
Sie macht Fehler.
Diese obere bewegliche Linie erinnert uns an die Macht der Demut. Wenn eine Frau gewinnt, fliegt sie doch nicht so hoch hinauf, daß sie ihre irdischen Wurzeln und Anfänge vergißt. Wenn sie aber ihre Verbundenheit mit allen Wesen, mit dem Rad des Lebens verliert, findet sie sich allein und isoliert wieder. Isolation führt zu Verlust und wird vermieden. Die Spirituelle Frau ist bewußt, wach, geerdet, in der richtigen Demut und ohne Unterwürfigkeit, sie hat Respekt vor allem Leben und allen Wesen des Universums und ist mit allen verbunden. Das Glück beginnt und dauert an.

Neun auf allen Linien:
Ein Gewebe von
Fliegenden Drachen.
Sie verändern sich.
Ein luftiges Gewebe, voller Beweglichkeit, sechs Drachinnen von Frauenhänden auf eine chinesische Robe gestickt, sechs Drachinnen für die sechs positiven starken Linien des Zeichens. Die Bewegung wird zur vollkommenen empfangenden Kraft, Kien wird zu Kun, dem Empfangenden. Die Stärke des Universums, der schöpferischen Doppelaxt, der Luft, der Drachinnen, der versteckten Potentiale wird zur Hingabe der Erde, und beide werden eins und verschmelzen. Die jugendliche Göttin des Zeichens Kien wird zur Muttergöttin, der Gebieterin des Zeichens Kun. Gutes Glück und Macht kommen aus dieser Drehung des Lebensrads. Vollkommene Liebe und vollkommenes Vertrauen prägen die Spiritualität der Frauen.

2. Kun - das Empfangende, die Erde

— —
— — oben: Kun - das Empfangende, die Erde, das Pentagramm
— —

— —
— — unten: Kun - das Empfangende, die Erde, das Pentagramm
— —

Kuns sechs durchbrochene Linien sind Sinnbild für die Erde. Die Erde ist dunkel und körperlich, sie ist fruchtbar und fördert das Sanfte, die Nahrung und die Hingabe in Frauen. Alles im Zeichen Kun steht im Gegensatz zum ersten Zeichen, Kien. Die beiden Hexagramme sind die Widersprüchlichkeiten des Lebens und des Universums. Kun steht für Frieden und Warten, Fülle und Vollendung, Aufnahmefähigkeit, Schwangerschaft und Nacht. Kun steht für die Materialisierung und Verwirklichung aller Ideen und Imaginationen des Zeichens Kien.

Das Hexagramm stellt auch die Herrscherin des Tarot dar, den mütterlichen Aspekt der Göttin, den Vollmond. Ihre Namen sind Ceres, Isis, Demeter, Aphrodite, Ishtar, Mawu Lisa, Gaia oder Rhiannon. Sie ist die Kraft der Reife, des Wachstums der Natur, des Körpers, von Geburt, Tod und der materiellen Welt. Der Berg steht für die Kun-Energie.

Das Pentagramm ist der fünfstrahlige Stern der Hexen und symbolisiert die Verbindung der vier Elemente mit dem Geist. Während Kien den Beginn und die Gedankenform ausdrückt, ist Kun die Materialisierung in der Welt. Kun ist die weibliche Fülle und die mütterliche Wärme, die Wegweiserin der Gemeinschaft, so wie die Erde selbst uns Mutter ist.

Sie ist das Pentagramm der Liebe, Kraft, Weisheit, Gerechtigkeit, Verständnis und Verantwortung, der vier Himmelsrichtungen und die Verwirklichung weiblicher Spiritualität. Im Tarot steht das Pentagramm für die materielle Ebene, für das Aufrechterhalten der Lebenskraft. So steht auch Kun für Geburt, Tod und Wiedergeburt, die wirtschaftlichen und körperlichen Belange, die Fülle der Ernte und die Lebensgemeinschaft von Frauen. Kun spiegelt die Verbindung zwischen allen Frauen, zwischen Müttern, Töchtern und Schwestern.

Das Zentrum

Vollmond. Erfüllung.

> Erfüllung durch
> Empfangende Kraft.
> Die folgt, führt.

Das Empfangende ist ein Prinzip der irdischen Realität, es entspricht dem Bild der Stute, die stark, schnell und frei ist. Ihr Gegenteil ist die Drachin des Kien-Zeichens. Die Lebenskraft bringt alles in

Schönheit hervor und erhält es von Geburt an bis zum Tod. In Frauen zeigt sich die Kun-Kraft als Fähigkeit zur Aktivität oder zum Warten, je nach Situation. Alles wird zu seiner Zeit getan. Die Erhabene Frau weiß, wann sie Rat suchen und wann sie eigenständig handeln muß. Sie weiß, wenn sie nicht weiß. Wenn sie ihrem Karma auch in empfangender Haltung gegenübersteht, so weiß sie doch, wie sie ihr Schicksal beeinflussen kann und muß. Wenn große Taten zu leisten sind, überfordert sie nicht ihre Quellen und Möglichkeiten, sondern wendet sich an ihre Mütter und Schwestern um Hilfe. Indem die Erhabene Frau ihre Position in der Spirale allen Lebens kennt, erreicht sie die Erfüllung.

Das Bild

Die Erde trägt alles:
Empfangend zu ihrer Zeit.
Die Erhabene Frau
Hält die Welt.

Das Erd-Trigramm erscheint in diesem Hexagramm zweimal. Ein Zeichen für ungebrochene Kraft. Die Erde nährt alles Leben und führt alle Lebewesen von Geburt zu Tod. Sie versöhnt Gegensätze, ohne zu hinterfragen, sie repräsentiert alle Aspekte der natürlichen Ordnung. In ihr ist Gleichheit und Geborgenheit. Wie die Erde alles erhält, so lernt die Erhabene Frau von ihr Offenheit und Anerkennung allen Lebens. Sie lernt Geduld, Ausdauer, innere Stärke und Hingabe, indem sie all diese Kräfte in der Erde wahrnimmt. Sie gibt ihre Fähigkeiten und Talente an ihre Gemeinschaft weiter. Die Erhabene Frau nimmt die schöpferische Kraft ihrer Gedankenformen und läßt sie auf der Erde sichtbar werden.

Die Bewegung

Sechs am Anfang (unterste Linie):
Bei Tag- und Nachtgleiche
Naht der Winter.

Das Bild des Sonnenuntergangs und des Herbstes als Sinnbild für die Erde weist auf den Aspekt der Todesnähe und die Sterblichkeit des Körpers. Im Kreis folgt das eine dem anderen, und das unendliche Erscheinen und Vergehen schafft das Universum. Mit der Herbst-Tag- und Nachtgleiche zeigt der Winter seine ersten Spuren.

Nach einer Zeit der rotglühenden Blätter, einer Zeit von Fülle und Ernte, verglühen die Farben, die Härte der Winterkälte und des langen Schlafs setzt ein. Neuer Anfang wird diesem Ende folgen und kann ohne das Sterben nicht geschehen.

Im Leben der Frauen dreht sich das Rad der Jahreszeiten. Die Mutter löst die junge Frau ab, und aus der Mutter wird die Alte. Körperlicher Verfall und Tod nähern sich. Aber neues Leben bricht im Frühling hervor, und das Rad dreht sich weiter.

Sechs auf dem zweiten Platz:
Ein Fünfstern in einem Kreis.
Alles gedeiht.

So wie der Kreis das Universum symbolisiert, bedeutet das Pentagramm darin die Erde im Universum. Kreis und Fünfstern werden aus Punkten und Linien geformt, wobei die Linien die Bewegung darstellen. So sind Pentagramm und Kreis eins, wie Universum und Erde eins sind oder wie der Makrokosmos dem Mikrokosmos entspricht.

Die Natur bringt Heil: Das stellt der Kreis dar. Der Stern steht für Ruhe und Stille. Das Empfangende und die Gleichwertigkeit aller Wesen der Natur bringen die transzendente, spirituelle Kraft. Die Erde bringt alles ohne handwerkliche Fähigkeiten und ohne Ausnahme hervor: Was existiert, ist da. Frauen in Gemeinschaften erreichen Verbundenheit, indem sie sich an die natürliche Ordnung halten. Die matriarchale Gemeinschaft ist der Kreis im großen kosmischen Kreis. Die Erhabene Frau ist der Stern im Stern. Erfolg kommt, wenn die aufnehmende Kraft gespiegelt wird.

Sechs auf dem dritten Platz:
Zurückhaltung.
Ihre Arbeit wird zur Grundlage.

Die Erhabene Frau gibt alles, was in ihren Fähigkeiten liegt, aber sie versucht nicht Kräfte zu rufen, mit denen sie nicht umgehen kann. Mit Zurückhaltung und Bescheidenheit wächst sie in Weisheit. Sie sucht keine verfrühte oder unverdiente Anerkennung. In ihrer Arbeit legt sie die Grundsteine für ihre Zukunft.

Sechs auf dem vierten Platz:
Ein schwarzes Loch im Universum.
Handle nicht.

Ein schwarzes Loch öffnet sich in ihren Handlungen. Es ist nicht falsch zu zögern. In einer gefährlichen Situation versucht die Erhabene Frau nicht, bemerkt zu werden oder negative Kräfte zu beleben. Sie bleibt wachsam und ruhig, die Gefahr vergeht. Sie verbirgt sich in der Menge durch Stillehalten.

Sechs auf dem fünften Platz:
Die Farbe Gelb.
Erfüllung.
Gelb stellt die Erde dar, das Pentagramm die Mitte der Galaxie. Das Universum ist oben, das Zentrum ist unten, und dazwischen liegt die Erde. In einer Gemeinschaft von Frauen hängt der Erfolg einer Frau, die ausgewählt wurde zu handeln, nicht nur von ihren Fähigkeiten, sondern auch von ihrem Verhalten ab. Aus der Mitte der Verantwortung heraus beweist die Erhabene Frau, daß sie für eine höhere Arbeit zuverlässig genug ist. Ihre Integrität und Entwicklung, ihre Reife und Bodenständigkeit zeigen sich in ihren Entscheidungen und ihren Ergebnissen. Sie muß ihre Bedeutung nicht betonen.

Oben eine sechs:
Dunkelheit trifft auf Licht.
Keine Sieger.
Dunkel und Licht, Frühling und Herbst, Erde und Universum: Das Empfangende und das Schöpferische sind entgegengesetzte Kräfte. Jede hat ihren Platz in der natürlichen Ordnung der Göttin. Keine kann ersetzt werden, und beide Kräfte können nicht zugleich auftreten. Das Gesetz der Weisen Frau folgt dem Universum und erfüllt so die natürliche Ordnung.

Sechs auf allen Linien:
Stetigkeit, Harmonie,
Erfolg.
Sechs Stuten laufen schnell über die Erde. Ihre Hufe schlagen Funken, wenn sie die Erde berühren. In diesem Hexagramm stehen sechs empfangende Linien übereinander. Wenn alle Linien den Zahlenwert sechs haben, wandelt sich das Zeichen zu Kien. Aus der empfangenden Erde wird das schöpferische Universum. Der kreative Geist, repräsentiert durch die Doppelaxt, manifestiert sich in der Erde, dem Pentagramm. Dadurch werden die aktive und die aufnehmende Kraft eine Einheit im Universum und in der Gemeinschaft der Frauen.

3. Dschun - Anfänge

— —
——— oben: Kan - das Wasser, der Kelch, das Abgründige
— —

— —
— — unten: Dschen - das Erregende, Donner, das Erwachen
———

Dschun ist das Kind, das seinen Weg ins Licht freimacht. Schmerz und Schönheit aller Anfänge stecken in Dschun, das Aufeinandertreffen der Erde mit den Sternen. Dschen, das Erwachen, bildet das untere Trigramm, dessen Aufwärtsbewegung der Donner, das Erregende ist. Kan im oberen Trigramm ist das Wasser, die Quelle und die Tiefe allen Lebens, die Bewegung, die ins Innere der Erde gerichtet ist, wird durch Regen symbolisiert. Zusammen bilden die beiden Trigramme den Moment der Geburt, die Erregung eines wilden Gewitters, die Energie neuen Lebens. Die Tochter, die mit den letzten Geburtswehen das Licht der Welt erblickt, setzt an zu ihrem ersten Schrei. Die Wehen klingen aus, die Krise ist vorbei.

Das Zentrum

Ein neuer Tag. Anfänge.

> Der Augenblick der Geburt.
> Anfänge.
> Geduld und Vorwärtskommen.
> Sie ist nicht allein.

Das Erwachen ist eine Zeit voller Chaos: Geburten und Wiedergeburten ereignen sich nicht in Ruhe und Stille. Im Kampf um neue Formen gibt es viel Bewegung und Aktionen. Aus diesem Kampf kommen Erfolg und Segen. Wenn eine Frau etwas beginnt oder zu neuem Bewußtsein erwacht, beginnt sie ihre Initiation und Transformation aus der Dunkelheit. Aus dem Dunkel bricht die Morgendämmerung hervor, aus dem Winter beginnt der Frühling. Die Frau in ihrem Anfang erkennt, daß sie neu ist. In diesem Zustand ist sie jung und unschuldig, sie hütet sich vor impulsiven Bewegungen. Bis sie versteht und neue Fähigkeiten erlernt hat, bleibt sie nicht ohne Hilfe und Führung. Sie erwartet von ihren Müttern nicht, daß sie Entscheidungen für sie treffen, aber sie fragt sie um Rat, ehe sie handelt. Mit Weisheit und Nahrung beginnt die Frau eine neue Morgendämmerung.

Das Bild

Wachsender Sturm.
Die Wehen des Neuanfangs.
Dic Erhabcnc Frau
Findet Gleichgewicht im Chaos.

Der aufziehende Sturm steht für die Energie des Erwachens, jedoch ist natürliche Ordnung da und wird respektiert. Widersprüche werden eine Einheit. Die Erhabene Frau erkennt, daß Aufruhr und Geburten eine eigene Ordnung haben. Sie ordnet die Fülle, wie einst Psyche den Sand von den Getreidekörnern trennte. Um das Gleichgewicht in ihrer Welt zu finden, lernt die Erhabene Frau zu trennen und zusammenzubringen. Sie lernt, daß zwei eines sind.

Die Bewegung

Neun am Anfang:
Wahrnehmung von Hindernissen.
Sie ist entschlossen
Und bittet um Hilfe.

Geburt ist eine Urkraft, die aber nicht leicht zuwege gebracht wird. Wehen und Hindernisse gehören dazu, jedoch ist eine Geburt nicht aufzuhalten, und die durchbrechende Kraft ist stark. Die erwachende Frau ist geboren, aber sie zwingt der Natur nicht Zeitpunkt und Art dieses Wachsens auf. Sie wächst stetig, doch sie zwingt sich zu nichts und hält sich nicht zurück. Sie sucht sich ihre Führung mit Würde und Bescheidenheit aus. Durch das Bewußtsein ihres Neu-Seins gewinnt sie das, was sie lernen muß.

Sechs auf dem zweiten Platz:
Hindernisse wachsen.
Ein Hin- und Herwenden.
Erfolg zur rechten Zeit.

Die Erhabene Frau sieht in jeder Begegnung eine neue Begegnung, und überall tauchen Hindernisse auf. Ihre Geschäfte drehen sich hin und her, doch was wie ein Hindernis scheint, muß keines sein.

Wenn die Zeit stimmt, wird sie Rat und Führung finden. Wenn die Führung richtig ist, werden beide Beteiligten es wissen.

Sechs auf dem dritten Platz:
Die Erhabene Frau
Weiß, wann sie handeln muß
Und wann Zurückhaltung gut ist.

Eine Frau ist neu in der Gemeinschaft und findet ihren Weg nicht. Sie dreht sich nicht im Kreis, sondern bittet um Hilfe, und mit Hilfe ihrer Schwestern findet sie, was sie braucht. Wenn sie zu schnell allein handelt, wird ihr nichts gelingen. Doch mit den richtigen Ratgeberinnen weiß sie, wann die Zeit reif ist, und kann beginnen.

Sechs auf dem vierten Platz:
Sie beginnt
An ihrem eigenen Anfang.
Alles beginnt zu fließen.

Die Frau erkennt, daß es Zeit ist zu handeln, aber sie weiß nicht wie. Das Risiko des Beginns wird ohne Schüchternheit oder Arroganz eingegangen. Indem sie beginnt, öffnet sich ihre Situation, und sie sieht, was als nächstes zu tun ist. Rat zu suchen, ist weder falsch noch schwach, aber die Erhabene Frau fällt ihre eigene Entscheidung.

Neun auf dem fünften Platz:
Bedachtes Handeln.
Sanftes Weiterführen.
Kommender Erfolg.

Hindernisse verbiegen ihre Handlungen und Bedeutung: Sie bewegt sich langsam und sehr vorsichtig. Etwas zu erzwingen, ist nicht gut, besser ist es, Unterstützung zu suchen, die dabei hilft, das Ziel zu erreichen. Durch sanftes und unbeirrbares Durchhalten hebt sie die Hindernisse aus ihrem Weg. Ihre Situation klärt sich, sie erreicht langsam ihre Ziele.

Oben eine Sechs:
Überwältigender Anfang.
Gelegentliche Rückfälle.
Sie handelt nicht.

Mancher Neuanfang ist schwierig. Eine Frau kann sich blockiert fühlen, Angst haben, und sie findet nicht die richtigen Ratgeberinnen, die ihr helfen könnten. Sie geht und bricht alles ab. Sie zieht sich zurück in die tiefe Erde, wo alles seinen Anfang nimmt. Wenn die Zeit reif ist, beginnt sie zu wachsen und kommt wieder ans Licht. Geburt und Erwachen ist ein notwendiger Zustand - unvermeidlich zu seiner Zeit. Wenn sie jetzt nicht handeln kann, ist es richtig zu warten, bis sie es kann. Der scheinbare Mißerfolg ist keiner und hält auch nicht an. Die Erhabene Frau weiß, wann Rückzug zum Erfolg führt. Sie wartet auf ihren Augenblick und hält aus.

4. Mong - die Jugendtorheit

———
— — oben: Gen - das Stille Halten, der Berg
— —

— —
——— unten: Kan - das Wasser, der Kelch, das Abgründige
— —

Dieses Hexagramm befaßt sich mehr mit Unschuld als mit Schuld, so wie im Tarot dieNärrin/der Narr gemeint ist. Die beiden Trigramme zeigen die Stille der wartenden Berge und das Fließen des Wassers. Wasser, das am Fuß eines Berges entspringt, ist das chinesische Bild für die jugendliche Unschuld. Im *Motherpeace Tarot*-Spiel wird die Närrin gezeigt, die unbeschwert auf ihren Händen in einen Bergbach hineingeht, ohne auf die Gefahren zu achten, die sie umgeben. Wasser, das untere Trigramm, wird stärker, je weiter es fließt und mehr Wasser ansammelt. Triumph und Freude werden in Unschuld erreicht.

Das Zentrum
Kindheit geht dort, wo Mütter fürchten. Erfolg.

> Das Kind stellt eine Frage.
> Beim ersten Mal antworten die Mütter.
> Beim zweiten Mal antworten die Mütter.
> Die dritte Frage wird nicht mehr beantwortet.

In der Kindheit ist Torheit nicht falsch. Die Tochter lernt aus den Irrtümern und Fehlern. Sie findet eine Mutter, die sie lehrt, und ihr

Verhalten ist gut. Sie lernt Bescheidenheit, Interesse und Respekt vor dem Alter.

Die Mutter, die die Tochter lehrt, wartet darauf, daß diese fragt. Das Kind bittet zu seiner Zeit um Hilfe. Die Antwort der Lehrenden ist einfach und ehrlich, und das Kind akzeptiert, was kommt. Die Hartnäckigkeit der Tochter, immer wieder das gleiche zu fragen, provoziert die Mutter, und sie verweigert die Antwort. Ein Kind fragt, bis Neugier und Verständnis befriedigt sind. So lernt es endlich, was es wissen muß. Wirklich zu lernen, bringt Erfolg. Dieses Hexagramm wendet sich sowohl an die Lehrende als auch an die Lernende.

Das Bild

Die Tochter
Nährt sich von der Lebensquelle.
Die Erhabene Frau wächst
Durch ihr Wissen.

Das Bild dieses Hexagramms ist eine Quelle, die am Fuß eines Bergs entspringt, oder ein Säugling an der Brust der Mutter. Wie das Kind Leben aus dem Universum des mütterlichen Körpers zieht, so zieht es Lernprozesse aus der Quelle der mütterlichen Weisheit. Durch diesen Fluß nach außen, von der Mutter zur Tochter, von der Lehrenden zur Lernenden, wird die Unschuld verantwortlich. Das törichte Kind wird zur Schwester und zur Mutter, und der Kreis des Lebens dreht sich weiter.

Die Bewegung

Sechs am Anfang:
Um das Kind zu lehren,
Setzt die Mutter Grenzen.
Weise Grenzen.

Erziehung beginnt mit Grenzen, und Einschränkung heißt lernen. Die Tochter nimmt alles als Spiel und kennt keinen Ernst. Zurückhaltung wird erforderlich, aber die Mütter sind nicht streng. Der Frau, die nur spielen kann, gelingt ihr Leben nicht, die Frau, die nur Ernsthaftigkeit kennt, hat zuviel verloren. In jeder Mutter ist auch das Kind.

Neun auf dem zweiten Platz:
Geduld mit den Töchtern
Und Sanftheit mit den Kindern.
So lehren die Mütter Erfolg.

Die Mutter, die eine Tochter lehrt, hat Geduld und Stärke, um liebevoll und sanft zu sein. Sie kennt die Schwäche und die Verrücktheit in jeder Frau. Sie erkennt den wahren Geist in der Unschuld und steht hinter der Tochter. Mit innerer Klarheit und äußerer Zurückhaltung führen die Mütter die Gemeinschaft der Frauen.

Sechs auf dem dritten Platz:
Schütze das Kind,
Das sich selbst nicht schützen kann.
Alles fließt.

Eine junge, erwachende Frau gerät leicht unter den Einfluß einer stärkeren. Solch kindliche Unschuld steuert auf einen Zusammenstoß oder auf rücksichtsloses Verhalten zu, zum eigenen Schaden und dem der Lehrenden. Eine Frau erreicht Selbstachtung, indem sie wartet, bis auf sie zukommt, was zu ihr gehört. Wenn sie sich einschmeichelt und anbietet, handelt die Mutter nicht angemessen, wenn sie dieses Verhalten akzeptiert.

Sechs auf dem vierten Platz:
Gewebte Einbildungen.
Das Kind leidet
Demütigung.

In der Jugend gibt es viel Schmerz durch Realitäten, die sich bald als unwahr oder eingebildet herausstellen. Das Kind leidet, weil es hin- und hergerissen ist zwischen dem, was es wahrnimmt, und dem, was real ist. Die Mutter weiß, wann sie ihr Kind in Ruhe lassen soll, wann sie diesen Schmerz ersparen kann oder nicht. Unwürdig sammelt das Kind schmerzhafte Erfahrungen und wird zur Frau. Die Mutter weiß, wann sie warten muß.

Sechs auf dem fünften Platz:
Jugendtorheit
Und Unschuld
Bekräftigt.

Die Tochter, die unterwiesen werden will, lernt erfolgreich zu sein. Ihre Haltung ist demütig und aufnehmend. Sie nähert sich den Müttern ohne Stolz und Vermutungen und wächst in Freude.

Oben eine Neun:
Sie hält die Tochter zurück.
Doch die Mutter weiß, wann
Es genug ist.

Die ungestüme Tochter wird manchmal zur Ernsthaftigkeit gefordert. Diese Zurückhaltung ist ein beginnendes Grenzensetzen. Doch Grenzen, so nötig sie auch sind, werden nicht ohne Grund und nie aus Ärger oder Wut, sondern nur in Bescheidenheit gesetzt. Strafe darf niemals körperlich oder selbstgerecht ausgeführt werden. In matriarchalen Gemeinschaften dient jede Intervention nur dazu, das Gleichgewicht wiederherzustellen. Die Tochter kann frei lernen.

5. Sü - Warten (Nahrung)

— —
——— oben: Kan - das Wasser, der Kelch, das Abgründige
— —

———
——— unten: Dschen - das Erregende, der Donner, das Erwachen
———

Kien, die schöpferische Doppelaxt, unterstützt das Trigramm Kan für das Wasser, den Kelch, das Fließende. Frauen suchen die Wasser der spirituellen Kraft, und der Kelch füllt sich, wenn sie bereit sind. So wie die Wellen des Ozeans den Strand umspülen oder wie regengenährte Flüsse einen See füllen, bereichert innere Nahrung das Leben der Frauen. Die Spirituelle Frau weiß, wann sie warten muß, und ist bereit, Nahrung aufzunehmen, wenn sie auf sie zukommt. In Zeiten der Unsicherheit bleibt der Kelch leer, obwohl sie von Wasser umgeben ist.

Das Zentrum
Nahrung zu ihrer Zeit. Sie fließt.

Mit der Ausdauer
Kommt Nahrung.
Vorwärtskommen und Fließen.

Warten bringt Nahrung und Hoffnung. Eine gute Aussicht führt die Spirituelle Frau zu guten Ergebnissen und bestärkt ihre Sicherheit.

Etwas Unbekanntes wird konfrontiert und bringt Gefahr und Aufregung mit sich. Angst und Ärger helfen ihr nicht. Die machtvolle Frau akzeptiert ihre Unruhe und läßt sich zu einem erfolgreichen Ende tragen. Ihre Nahrung kommt aus dem Inneren, aus dem Kelch ihrer Lebenskraft. Die machtvolle Frau hört auf sich. Sie ist realistisch und überschätzt ihre Situation und ihre Kraft nicht, aber wenn Hindernissen mit Klarheit begegnet wird, öffnen sich die besten Kanäle. Die Spirituelle Frau läßt sich von ihrer inneren Wahrheit leiten und handelt stark und sicher. Sie konfrontiert sich mit Gefahr und besteht.

Das Bild

Wasser und Luft:
Sie füllt ihren Kelch.
Die Spirituelle Frau
Erhält Nahrung.

Wasser fließt, nichts drängt oder hindert es, die See zu erreichen. Im Leben der Frauen tauchen die nötigen Entscheidungen und Handlungen dann auf, wenn sie ihrem Leben eine neue Wendung geben oder eine neue Richtung einschlagen wollen. Wenn die Zeit stimmt, handelt sie, um ihren Kelch zu füllen. Sorgen helfen nicht, auch Angst oder Beunruhigung nicht. Die Spirituelle Frau nährt sich aus innerer Klarheit. Sie fließt und läßt sich nicht drängen. Sie bleibt offen und wartet. Wenn die Zeit zum Handeln reif ist, tut sie es.

Die Bewegung

Neun am Anfang:
Sie wartet auf dem Land
Und hält aus.
Kein Makel.

Die Gefahr ist verebbt, und die Frau arbeitet auf ihrem Land. Die Dinge wandeln sich und beginnen zu fließen. Die Spirituelle Frau lebt ihr Leben weiter, solange sie kann. Indem sie fortfährt zu tun, was sie tun muß, wappnet sie sich für das Kommende.

Neun auf dem zweiten Platz:
Sie wartet auf den Sanddünen
Der Gerüchte und Streitigkeiten.
Alles fließt zu seiner Zeit.

Die Flut kommt heran. Strömungen bilden sich zu ihren Füßen, das Wasser ist schnell und unbekannt. Es gibt Streitigkeiten und Uneinheit zwischen den Frauen.

Die Spirituelle Frau bleibt ruhig und gelassen. Sie gibt den Reibereien keine Nahrung und hat Erfolg.

Neun auf dem dritten Platz:
Sie wartet auf dem Strand
Sie ist eingeschlossen.
Das Problem kommt auf sie zu.

Der Strand wird von unkontrollierbaren Wellen unterspült, und die Frau ist im Schlamm eingeschlossen. Sie hat zur falschen Zeit gehandelt und ihre Kraft nicht bewahrt. Sie kann den Kanal nicht überqueren, ihren Kelch nicht mit frischem Wasser füllen. Gefahren brechen über ihre Verletzlichkeit herein, sie reagiert.

Die Spirituelle Frau ist jetzt vorsichtig: Ihr Bewußtsein kann den Tag noch retten.

Sechs auf dem vierten Platz:
Sie sieht die Unterströmung
Und entkommt,
So gut sie kann.

Die Frau wurde aus ihrer Tiefe, aus ihrem inneren Frieden gerissen, die Krise ist da. Sie muß hindurch, es gibt kein anderes Entkommen. Sie kämpft gegen die Gezeiten und merkt, daß sie fortgerissen wird. Sie hält aus, bleibt ruhig und schwimmt, wartet und hält sich an das, was sie ist und was sie kann. Keine Zeit, sich zu nähren!

Neun auf dem fünften Platz:
Sie wartet auf den Kelch
Innerer Nahrung.
Ruhige Wasser.

In einem Augenblick von Ruhe auf dem Wasser läßt die Spirituelle Frau sich treiben und hält ihre Kraft und ihre Reserven zusammen. Das Sich-Treiben-Lassen zu akzeptieren, ohne dabei die Küstenlinie aus den Augen zu verlieren, bringt der Spirituellen Frau Erfolg. Sie ist sich ihres Triumphes sicher und schwimmt zu ihrer Zeit.

Oben eine Sechs:
Sie schwimmt zum Strand
Und wird gerettet.
Gutes Ende und Heil.

Jetzt ist der richtige Zeitpunkt, und alles erfüllt sich. Die Frau schwimmt zum Strand. Sie ist in Sicherheit, und ihre Schwestern kommen. Sie ahnt ihre Motive, aber sie behandelt sie mit Respekt. Weil sie das Richtige tut, wird ihr geholfen. Gefahr wandelt sich zu Heil, weil die zur Verfügung stehenden Mittel akzeptiert werden.

6. Sung - der Streit

———
——— oben: Kien - das Schöpferische, Himmel, Luft, Labrys
———

— —
——— unten: Kan - das Wasser, der Kelch, das Abgründige
— —

Kien repräsentiert das Universum, das sich ausdehnt, die Kraft der Doppelaxt, die nach außen geht. Kan, das untere Trigramm, ist das Wasser, der Kelch des Lebens, eine Bewegung zu den inneren Ebenen. Ein Konflikt zwischen Bewegungen wird hier angedeutet. In der Natur ist das kein Widerspruch oder Hindernis. Entschiedenheit und Konflikt sind zwei Aspekte, die ineinander enthalten sind. In der Natur der Frau verbindet sich der Fluß und die Tiefe des Wassers mit der kreativen universellen Ordnung. Eine Frau mit diesen Qualitäten bedeutet Stärke und Weisheit für die Gemeinschaft. Sie ist eine Mutter im sozialen Bereich und eine Priesterin in der spirituellen Arbeit.

Das Zentrum
Harmonie im Konflikt.Veränderung.

Die Frau ist ehrlich,
Aber in Konflikten.
Sie wartet auf Veränderung.

Der Weg der Frau beinhaltet Hindernisse, aber sie weiß, daß die

Richtung stimmt. Sie teilt ihre Ideen den Schwestern mit, um auf eine gemeinsame Lösung zu kommen, und sie bespricht sich mit den Müttern, um mit ihnen zu diskutieren und zu lernen. Während des Konflikts bleibt sie in ihrer Mitte und behält Klarheit. Wenn sie weiß, daß ihr Weg noch stimmt, geht sie einen Kompromiß ein und wartet auf Veränderungen. Einigkeit bringt Segen. Einheitliche Meinung und Klarheit über das Vorgehen wandeln Konflikte in Entschiedenheit, Entschiedenheit aber bringt neues Wachstum.

DAS BILD

Das Äußere und das Innere Universum.
Das Bild des Streites.
Die Erhabene Frau
Sucht den Ausgleich.

Die Quelle des Streits ist die offensichtliche Gegensätzlichkeit der Bewegung der beiden Trigramme, aber Tiefen und Höhen müssen nicht im Streit miteinander sein. Wenn sich die spirituelle Kraft der Frauen in einer Gemeinschaft verbindet und alle die gleichen Freiheiten und Pflichten teilen, sind die Schwestern im Einklang mit dem Rad des Lebens. Wenn Frauen wirklich verbunden bleiben, sind der Verlust der Balance oder der Streit keine Gefahr. Am Anfang allen Lebens vereinen sich die Gegensätze, wie es Erde und Universum tun, werden zur Einheit und lösen sich ineinander.

DIE BEWEGUNG

Sechs am Anfang:
Sie macht keine Bewegung.
Wenig Gerede
Bringt Heil.

Am Anfang eines Konflikts wartet die Erhabene Frau, wie sich alles entwickelt. Eine Entscheidung wird nicht ohne volle Information herbeigeführt. Nichts zu sagen, bringt Glück.

Neun auf dem zweiten Platz:
Sie nimmt nicht teil.
Sie geht einen Kompromiß ein und wartet.
Kein Tadel.

Es ist weise, sich aus einem schwelenden Konflikt zurückzuziehen.

Wenn eine Frau sich irrt, beugt sie sich dem größeren Verstehen der Schwester. Wenn sie recht hat, wird ihre Ansicht zur rechten Zeit anerkannt werden. Allein setzt sie sich nicht durch. Die Erhabene Frau vermeidet Dissonanzen, wo es möglich ist.

Sechs auf dem dritten Platz:
Was eine Frau durch Rechtschaffenheit
Ihr Eigen nennt,
Kann ihr nicht genommen werden.

Spirituelle Fähigkeiten, die eine Frau einmal erworben hat, gehen nicht verloren und können ebensowenig weggenommen werden wie angeborene Fähigkeiten und natürliche Autorität. All das hat sie für das Wohl der Gemeinschaft und ihr eigenes Wohl in sich, sie kann ihre Schwestern lehren und ihnen helfen. Die Erhabene Frau löst eine Störung der Harmonie, indem sie ihre Fähigkeiten zur Verfügung stellt. Sie sucht nicht Profilierung oder Belohnung.

Neun auf dem vierten Platz:
Die Erhabene Frau
Überdenkt ihre Ansichten
Und wird bestätigt.

Eine Frau, die ihren inneren Wert noch nicht gefunden hat, beteiligt sich am Gerede und an Konflikten. Sie könnte sich durchsetzen, aber nicht mit dieser Haltung. Der Erhabenen Frau wird das klar, und sie sucht ihren Raum innerhalb der Gemeinschaft, in dem sie sich entfalten kann. Sie wird respektiert, und ihr Selbstbewußtsein wächst. Und so ändert sich auch ihr Verhalten. Einheit und Harmonie werden erreicht, und sie wird bestätigt.

Neun auf dem fünften Platz:
Eine Vermittlerin wird ausgewählt.
Entschlossenheit kommt
Durch Unvoreingenommenheit.

Eine Frau, die unvoreingenommen sein und zum Besten einer Gruppe schlichten und richten kann, wird als Vermittlerin gewählt. Sie schlichtet Streit zu aller Zufriedenheit und bringt Frieden.

Oben eine Neun:
Streit zum
Bitteren Ende ausgetragen.
Kein Glück.

Eine Frau, die einen Streit zum bitteren Ende treibt, hat keinen wirklichen Sieg davongetragen. Sie hat ihren Weg erzwungen, aber den guten Willen der Schwestern dabei verloren. Das Ergebnis ist ein Streit ohne Lösung, und keine notwendige Veränderung wurde erreicht. Die Gemeinschaft der Frauen leidet darunter, wie auch jede einzelne leidet. Eine Lösung ist dringend nötig.

7. Schi - die gemeinsame Kraft

— —
— — oben: Kun - die Erde, das Empfangende, das Pentagramm
— —

— —
——— unten: Kan - das Wasser, der Kelch, das Abgründige
— —

Das Trigramm Kan, Wasser, steht unter dem Trigramm Kun, Erde, das ist das Bild eines unterirdischen Sees. Die Quellen und Rohstoffe der Frauen befinden sich in der matriarchalen Vergangenheit wie in einer unterirdischen Quelle. Sie können zur Stärkung der Frauen jederzeit gefördert werden. Die Qualität der beiden Trigramme fließt zusammen wie die Kraft in bewußten Menschen, die ein Volk bilden. Frauen sind in der Gemeinschaft Schwestern, die ihre Kräfte zusammenlegen und so die Quelle des Lebens fließen lassen.

Das Zentrum
Frauen bilden eine Gemeinschaft. Segen.

> Die Frauen fließen
> Von der Quelle.
> Die Gemeinschaft blüht
> und gedeiht.

Frauen sind Individuen mit individuellen Bedürfnissen, die sich zum Wohl aller zu einer starken Gemeinschaft verbinden. Um das zu erreichen, nimmt jede am Gelingen der Gemeinschaft teil und läßt sie durch die eigene Stärkung wachsen. Mit der Führung der Mütter auf der gesellschaftlichen, der Führung der Priesterinnen auf der spirituellen Ebene lernen die Schwestern zusammenzuarbeiten und ihre Fähigkeiten richtig zu nutzen. Sie haben Vertrauen in ihre Ziele und ineinander. Sie wählen die Mütter und die Priesterinnen, die mit den universellen Zyklen im Einklang sind. Die Rechtsprechung der Schwestern wird in diesem Licht gesehen, Entscheidungen werden in Übereinstimmung gefällt. Die Gemeinschaft braucht die Fähigkeiten einer jeden Frau, und keine Fähigkeit wird verschwendet. Mit Güte, Gleichheit und Fortdauer gelingt die Gemeinschaft der Frauen.

DAS BILD

Wasser
In der Erde:
Die Frauen.
Die Erhabenen Frauen.

Wasser sammelt sich in der Erde, wird zur Nahrung, zum Ursprung des Lebens. Frauen sind der Ursprung der wahren Gemeinschaft. Ohne sie gibt es kein Volk. Durch ihre Fähigkeit, alles auf- und wahrzunehmen, wird eine Gemeinschaft gegründet. Durch ihre Fähigkeit, alles fließen zu lassen, wächst sie und wird stark - wie durch das Wasser die Erde genährt wird und alles zum Blühen kommt. Die Frauen bauen und erschaffen hingebungsvoll, was gebraucht wird. So sind sie immerwährende Erneuerung ihrer Welt.

DIE BEWEGUNG

Sechs am Anfang:
Führung und Friede.
Glück.

Wenn eine Gemeinschaft entsteht, ist Führung unerläßlich. Noch sind die Frauen nicht vereint, aber sie haben gemeinsame Ziele und Gründe, einander zu suchen und zu entdecken. Wenn sie früh eine gemeinsame Ordnung finden, bringt das der Gemeinschaft Glück.

Neun auf dem zweiten Platz:
Die Mütter werden anerkannt.
Erfolg.

Frauen, die regieren und organisieren können, sind für die Gemeinschaft sehr wichtig. Solche Frauen, hier Mütter genannt, helfen anderen Frauen, ihre Ziele auszurichten und zu verwirklichen und ihre Fähigkeiten auszubilden zum Nutzen der Allgemeinheit. Die Schwestern sind die Stärke der Gemeinschaft, und die Mütter sind die Stärke der Schwestern.

Sechs auf dem dritten Platz:
Frauen führen gemeinsam.
Fortschritt.

Der Platz einer jeden Frau ist wichtig. Die Fähigkeit einer jeden Frau wird zu ihrer Zeit gebraucht. Eine starke Gemeinschaft entsteht nur aus stimmigen Einzelkräften. In jeder Frau ist die Göttin.

Sechs auf dem vierten Platz:
Die Frauen zögern.
Kein Makel.

Die Gemeinschaft lebt zusammen, obwohl die Frauen noch nicht ausgebildet sich, um zu regieren. Es gibt Schwierigkeiten und Probleme, von denen manche nicht behandelt werden können, denn bei falscher Behandlung bringen sie Trennung herbei. Die Frauen erkennen, welche Probleme sie im Augenblick nicht berühren können. Indem sie Grenzen erkennen, vermeiden sie den Bruch. Darin liegt Weisheit. Indem Schaden vermieden wird, wachsen die Frauen erfolgreich. Jedes Problem wird zu seiner Zeit behandelt.

Sechs auf dem fünften Platz:
Frauen erkennen
Die kosmische Ordnung.
Wohlstand.

Frauen, die eine Gemeinschaft anführen, gehen nicht ihrer eigenen Wege. Energien werden zusammengebracht, und keine setzt auf eigene Faust ein eigenes Ziel durch. Durch Zusammenarbeit und weise Organisation blüht die Gemeinschaft und erreicht ihr Ziel.

Oben eine Sechs:
Frauen stärken.
Die Gemeinschaft der Frauen stärkt.

Eine Frau, die ihren Platz in der Gemeinschaft gefunden hat, wächst und gewinnt. Ihre Mütter und Schwestern sehen sie wachsen und unterstützen sie. Sie gewinnt Vertrauen, Selbstachtung und Wissen. Sie fühlt sich beschenkt. Die Gemeinschaft profitiert von glücklichen Frauen.

8. Bi - Das Zusammenhalten

— —
——— oben: Kan - Wasser, der Kelch, das Abgründige
— —

— —
— — unten: Kun - Erde, das Pentagramm, das Empfangende
— —

Frauen finden Erfüllung, indem sie sich zusammentun. Das untere Trigramm dieses Zeichens steht für das Aufnehmende, Empfangende, die Vereinigung von Frauen. Die starke Linie steht am führenden Platz und zeigt, daß die weichen Linien von einer starken Kraft zusammengehalten werden. Das heißt, daß die Liebe und Sanftheit der Frauen durch ihre Stärke vereint wird. Regentropfen werden zu Bächen, zu Flüssen. Diese vereinigen sich mit den großen Strömen, und alle fließen ins Meer. Die Wasser der Erde fließen immer zusammen. Wie das Zusammenfließen ein Naturgesetz ist, so ist auch Liebe ein Gesetz, das die Frauen zusammenkommen läßt.

Das Zentrum
Vereinigung bringt Erfolg, Heil

> Zusammenhalten bringt Erfolg.
> Gemeinschaft in gegenseitiger Achtung:
> Frauen wollen zusammenkommen.
> Zögern bringt Unheil.

Frauen kommen als Liebende und mit gemeinsamen Zielen zusammen, um sich gegenseitig zu bestätigen und zu stärken. Solches Zusammenhalten erfordert gegenseitige Achtung und Respekt. Die Mütter fördern die Zusammenarbeit und Achtung zwischen den Schwestern, um die Frauen unter gemeinsamen Zielen zu vereinen.

Zwei Individuen begegnen sich als Liebende. Sie tragen ihre Erfahrungen, ihre Natur und ihre Quellen zusammen und vereinen sich in Liebe. Die Wasser ihrer Ströme werden ein Strom, und sie vereinen sich.

Das Bild

Erde ist von Wasser bedeckt:
Das Zusammenhalten.
Die Frauen in einer Gemeinschaft
Stärken das Gesetz der Liebe.

Die Erde besteht zu drei Vierteln aus Wasser, und Wasser verbindet sich mit der Erde. So verbinden sich die Frauen in einer Gemeinschaft von Frauen, jede Individuum und Teil des Ganzen. In der Vereinigung der Individuen halten alle durch die Liebe zusammen.

Die Bewegung

Sechs am Anfang:
Haltet wahr zusammen,
Wie ein Tonkrug der Töpferin.
Respekt und Liebe.

Freundschaft wird durch Wahrhaftigkeit gehalten. In dem Krug der Töpferin werden die Wasser des Lebens gemischt, Liebe wird geformt. Innere Stärke und Ehrlichkeit ziehen von überall die Zuneigung an. Respekt und Liebe bringen Erfüllung.

Sechs auf dem zweiten Platz:
Haltet spirituell zusammen.
So kommt alles
Ins Fließen.

Wenn eine Frau zartfühlend und taktvoll handelt, wird ihre Stellung in der Gemeinschaft oder zu ihrer Geliebten gestärkt. Wenn sie ihre Liebe und ihre Kraft rücksichtslos aufs Spiel setzt, handelt sie nicht stimmig. Die Erhabene Frau hat spirituelle Würde.

Sechs auf dem dritten Platz:
Sie hält zusammen
Und vereint sich
Mit den falschen Menschen.

Wenn sich Frauen in Beziehungen nur vom Nützlichkeitsgedanken leiten lassen, kommt Unglück heraus. Eine Frau, die nicht Geliebte sein kann, kann doch gute Freundin werden. Wenn sie an unstimmigen Beziehungen festhält, läuft sie Gefahr, die wahre Liebe nicht zu erkennen.

Sechs auf dem vierten Platz:
Haltet offen
Und stolz zusammen.
Zeit zu feiern.

Die Beziehungen unter Frauen sind herzlich und stark. Frauen zeigen ihr Mitgefühl und ihre Liebe offen. Verbündete Frauen begegnen einander mit Freude und Stolz. Die Verbindung der Erhabenen Frau zu den Schwestern, Müttern, Geliebten ist spontan und warm.

Neun auf dem fünften Platz:
Die Wirkung des Zusammenhaltens.
Alle, die kommen,
Kommen aus freiem Willen.

Das Zusammenhalten gründet auf gemeinsamen Ansichten und Entscheidungen. Gewalt und Zwang existieren nicht. Freiheit wertet die Strukturen der Gesellschaft und das Leben der Liebenden auf. Klarheit und innere Weisheit bekräftigen Stärke und Frieden. Die Frau, die in eine Gemeinschaft von Frauen kommt oder eine Liebesbeziehung eingeht, tut dies aus freiem Willen.

Oben eine Sechs:
Sie sieht die Anfänge
Und fördert sie.
Triumphierende Einheit.

Die Erhabene Frau erkennt die Liebe in ihrer frühesten Entfaltung. Wenn sie ihr Zeitgefühl verloren hat, zögert sie zu handeln und schenkt ihre Hingabe nicht. Später bereut sie ihr Abwarten. Die Frau, die den richtigen Zeitpunkt im Gefühl hat, bringt Vereinigung und Zusammenhalten herbei. Sie hält die Wasser im Krug der Töpferin. Sie findet Liebe zu ihrer Zeit.

9. Siau Tschu - der reinigende Wind

———
——— oben: Sun - das Sanfte, der Wind
— —

———
——— unten: Kien - die Luft, das Schöpferische, Himmel, Labrys
———

Das Bild zeigt den Wind, der durch die Wolken fährt und ihre Formen neu gestaltet, den Himmel reinigt und Regen und Veränderung bringt. Wind wandelt. Grundlage des Windes ist die Luft, das Prinzip der Doppelaxt. Das Hexagramm steht für den aktiven Geist, die unsichtbaren Kräfte, die alle Veränderungen bewirken, die Gedankenformen der Frauen, die schöpferische Kraft im Inneren.

Für die Frauen der Hopi-Nation bedeuten der Wind und das Element Luft Reinigung und Heilung: Der starke, kalte Wintersturm fegt den Stillstand und die Niedergeschlagenheit weg. Die entsprechende Farbe ist weiß, und das Symboltier ist die Bärin/der Bär, das Tier der Heilung, dessen Klauenschlag alles neu macht. Der eiskalte Winter ermöglicht erst den erwachenden Frühling. Seine Richtung ist der Norden, und die schimmernde weiße Abalone-Muschel ist ihm zugeordnet.

In der westlichen Tradition regiert die Luft über alle Aspekte des Geistes und des Intellekts, über die spirituelle Kraft, die Intuition und das Abstrakte. Luft ist über den windgeschüttelten Wiesen und Stränden, den Berggipfeln und Türmen. Ihre Zeit ist der Frühling.

In der chinesischen Deutung ist dieses Hexagramm eine starke Macht, die von einer schwächeren transformiert wird. Die Veränderung kann nur zeitweise sein. Entscheidend für den Sieg ist die Sanftheit.

Das Zentrum

Langsame Veränderungen. Hemmnis.

> Der sanfte Wind
> Reinigt und heilt.
> Gutes entwickelt sich
> Durch Zurückhaltung.

Dies ist keine Zeit für großangelegte Aktionen. Wolken ziehen sich zusammen und kündigen Nahrung und Reinigung an, aber der Regen kommt nicht auf die Erde. Durch Nachdenken und ohne Zwang anzuwenden wird die Situation in Grenzen gehalten. Es gibt Zeichen von Lösung innerhalb des Kampfes und der Blockierungen. Durch feinabgestimmte, vorsichtige Maßnahmen verändert die Erhabene Frau ihr Schicksal. Neue Umstände erfordern Bescheidenheit, Bodenständigkeit und Kontrolle. Über allem kommt das Gute (der nährende Regen) durch Zurückhaltung.

Das Bild

Wind bewegt die Wolken:
Der reinigende Wind.
Die Erhabene Frau
Verfeinert ihr Wesen.

Der Wind verändert und kontrolliert die Wolken und gibt dem Regen einc Richtung. Obwohl Wind keine Form, keine Festigkeit hat und abstrakt ist, hat er eine große Transformationskraft. Die Erhabene Frau erschafft durch den Wind ihres Geistes, ihrer spirituellen Energie ihre Außenwelt. Damit das gelingen kann, pflegt sie ihren Intellekt und ihre Intuition gleichermaßen und gibt sich dabei selbst ihre Form.

Die Bewegung

Neun am Anfang:
Rückkehr.
Gute Wirkungen.

Eine starke Frau hat ein aktives Temperament, und sie fordert ihr Schicksal heraus. Aber sie ist blockiert. Indem sie zu ihren Reserven zurückkehrt und dem Impuls widersteht, vorwärtszudrängen, ist sie frei, ihre Aktion sorgfältig zu planen. Kleine Schritte haben auf lange Sicht größere Wirkung als revolutionäre Veränderungen.

Neun auf dem zweiten Platz:
Sie folgt ihren Schwestern
Und zieht sich zurück.

Aggressives Verhalten gefährdet den Frieden und bringt Hindernisse. Anstatt ihren Schwestern Sorgen zu machen, hört die Erhabene Frau auf ihre Warnungen. Sie ist erfolgreich, wenn sie weiß, wann es Zeit zum Rückzug ist.

Neun auf dem dritten Platz:
Äußere Umstände behindern.
Sie handelt nicht.

Da die Hindernisse nur gering erscheinen, erzwingt die Frau ihr Vorgehen. Stärke liegt aber in der imaginären Kraft, und die körperliche Energie muß versagen. Der Geist ist schließlich stärker als die Muskelkraft. Die Frau streitet mit ihren Schwestern, die angesichts ihrer Unbewußtheit verzweifeln. Wenn sie nicht wartet, verliert sie den Respekt ihrer Mitmenschen.

Sechs auf dem vierten Platz:
Wahrhaftigkeit.
Hindernisse verschwinden.

Die Frau, die eine Vorgesetzte oder mächtige Frau führt, riskiert ihr eigenes Wohlergehen. Aber innere Integrität und Wahrhaftigkeit sind stärker als Hindernis oder Triumph. Durch die Integrität der Frau, ihre Hingabe kommt alles ins Lot. Die Erhabene Frau sucht sich Erhabene Schwestern und siegt.

Neun auf dem fünften Platz:
Ehrlichkeit und Treue.
Alle feiern.

Die Erhabene Frau akzeptiert die Einschränkung ihrer Schwestern. In einer Freundschaft ergänzt eine die andere, und sie verbünden sich in ehrlicher Treue und Hingabe. Die aktive Frau lernt Differenziertheit und Vorsicht von ihrer ruhigeren Schwester, die nachdenkliche Frau lernt, wann es Zeit zum Handeln ist. Durch das Teilen und die Zuneigung verbinden sie sich, und je mehr eine gibt, um so mehr fließt nach, um so mehr hat sie zu geben. Konflikte lösen sich, geteilte Freude ist doppelte Freude. Alle feiern.

Oben eine Neun:
Regen.
Die Frau ruht.

Der Wind löst den Regen aus den Wolken, und Frieden kommt. Ein Höhepunkt wird dadurch erreicht, daß kleine Wirkungen zusammenkommen. Jedoch darf das nicht selbstverständlich genommen werden. Unsichtbare Kräfte haben Veränderung, Reinigung, Heilung gebracht. Wollte eine Frau das jetzt weitertreiben, würde das Gleichgewicht gestört werden. Die Erhabene Frau ruht – der Mond ist fast voll.

10. Lü - das sanfte Auftreten (Korrektheit)

———
——— oben: Kien - das Schöpferische, Luft, Labrys, Himmel
———

— —
——— unten: Dui - der See, das Heitere
———

Dieses Hexagramm behandelt die politische Korrektheit in Frauengemeinschaften. Um die Kluft zwischen Hohem und Niedrigem, dem schöpferischen Potential des oberen Trigramms und dem Heiteren des unteren Trigramms zu überbrücken, ist Korrektheit erforderlich. Die Tochter fordert die Geduld des Universums heraus, das Schwache tritt auf das Starke. Daß die Unschuldigen den Zorn der Mächtigen herausfordern, ist hier nicht gefährlich, sind alle Frauen doch Töchter der Vorhersehung der Großen Mutter. Weil die Herausforderung ohne Trotz geschieht, weil sie Lachen und Einfachheit der Tochter in sich trägt, zieht sie kein Unglück nach sich.

Das Zentrum
Die Unschuldigen nähern sich der Macht. Willkommen.

> Der Schlange
> Auf den Schwanz steigen.
> Korrektheit.
> Sie beißt nicht.

Die Schlange erkennt, wie klein das Kind ist, und beißt nicht. Sie akzeptiert die Tochter zärtlich wie ihre eigenen Jungen. In Frauengemeinschaften haben die Frauen Macht und behandeln einander mit Respekt, Korrektheit und Humor. Sanftheit heißt das Fremde willkommen und gedeiht.

Das Bild

> Die Doppelaxt des Schöpferischen über dem See:
> Das Auftreten.
> Macht, durch das richtige Maß ausgeglichen,
> Wertet alles auf.

Die Luft, das Schöpferische und der See stellen zwei ungleiche Bewußtseinszustände dar, die unterschiedliche Fähigkeiten und Kräfte beinhalten. Und doch ist der See Teil des Universums, wie die Tochter Teil der Mutter ist und alle Frauen Teil der Göttin sind. In einer Gemeinschaft gibt es Frauen, die sich nicht gleich sind in dem, was sie erreicht haben und können, aber jede hat der Gemeinschaft etwas zu geben. Die spirituellen Unterschiedlichkeiten verändern sich, wie sich die Frauen verändern und wachsen und dafür anerkannt und akzeptiert werden. Wenn die spirituelle Entwicklung in einer Gemeinschaft das Kriterium für eine bestimmte Position darstellt, haben äußere Unterschiede keine Bedeutung. Jede Frau wird in ihrem spirituellen Wachstum gesehen, so kommt aus der Ordnung in der Gemeinschaft Bestätigung und Respekt.

DIE BEWEGUNG

Neun am Anfang:
Die richtigen Aufgaben.
Sie wächst.

Die Tochter ist noch kein volles Mitglied der Gemeinschaft, weil sie noch jung und unerfahren ist. Wenn sie einfach handelt, bleibt sie frei von Ansprüchen. Wenn sie nicht ständig von anderen fordert, ist sie nichts schuldig. Sie kennt ihre Bedürfnisse noch nicht genau, sondern fließt mit dem fließenden Wasser. Eine Frau, die ihren Aufgaben gewachsen ist, gibt sich eine Weile zufrieden damit, Tochter zu sein, denn sie ist mit ihren Wurzeln verbunden und macht Fortschritte. Obwohl sie noch keine Entscheidungen mitträgt, erlernt sie Fähigkeiten, die sie dorthin führen. Ihre Arbeit ist einfach, aber gut und richtig. Sie erreicht höhere Ebenen, wächst.

Neun auf dem zweiten Platz:
Gehen auf ruhigen Wegen.
Die Weise Frau lernt.
Kein Makel.

Diese Linie spricht von einer Weisen Frau, die beschlossen hat, sich von der Gemeinschaft ein wenig zurückzuziehen. Sie fordert keine Rücksicht und hat keinen Ehrgeiz, sie will sich entwickeln und lernen. Ihr Leben ist ruhig und eben, und durch ihre Bescheidenheit bleibt sie frei von Verpflichtungen. Sie gibt, was sie aus ihrem Wissen geben kann. Durch ihre Einfachheit und Gelassenheit ist sie ein Zugewinn für alle.

Sechs auf dem dritten Platz:
Sie verpflichtet sich
Und übersteigt ihre Fähigkeiten.
Unheil!

Eine Frau lädt sich mehr auf, als sie bewältigen kann, und handelt dadurch verrückt und rücksichtslos. Ohne Hilfe der anderen kann keine existieren. Versucht sie es doch, lädt sie der Gemeinschaft durch diesen Versuch noch mehr Lasten auf. Die Schwestern tun am Ende ihre Arbeit und müssen die eigene vernachlässigen. Die Frau verliert den Respekt der Schwestern, die auf sie angewiesen sind, und alle haben Schaden.

Neun auf dem vierten Platz:
Sie tritt auf die Schlange.
Richtiges Vorgehen bringt Heil.

Das ist eine gefährliche Situation, aber die Erhabene Frau weiß, daß Handeln nicht immer gut ist. Abwägen der Situation, Sorgfalt, Gelassenheit bestimmen ihren nächsten Schritt. Sie ist sich ihres Ziels sicher. Sie hat sich nicht mehr aufgeladen, als sie tragen kann, und vertraut ihrer Kraft.

Neun auf dem fünften Platz:
Entschlossenheit
Bringt Heil
Und Bewußtsein.

Das ist die Schlüssellinie dieses Hexagramms. Die Erhabene Frau ist stark und entschlossen, steht der Gefahr wach gegenüber. Durch ihr Bewußtsein und ihre Klarheit, der jedes Rachegefühl und jeder Haß fehlt, bekommt sie, was sie braucht.

Oben eine Neun:
Die Erhabene Frau
Tut das Richtige.
Erfüllung.

Wenn ihre Arbeit getan ist, betrachtet die Erhabene Frau ihr Werk. Sie hat richtig und einfach gehandelt, keine Verdunkelung trübt ihr Tun, und alles erfüllt sich.

11. Tai - der Friede

— —
— — oben: Kun - die Erde, das Pentagramm, das Empfangende
— —

———
——— unten: Kien - das Schöpferische, die Luft, Himmel, Labrys
———

Erde und Universum, schöpferische Doppelaxt und Pentagramm treffen sich in vollkommener Einheit. „Wie oben so unten" ist Fülle, Fruchtbarkeit und Hoffnung. Es ist eine Zeit der Neuanfänge, das Erwachen der Göttin, der erste Monat des chinesischen Kalenders, Januar/Februar. Lichtmeß fällt bei uns in diese Zeit und Powamu in der Religion der Pueblo-Nation. Eine Zeit der Reinigung, in der die Erde sich für die Wiedergeburt richtet, eine Zeit, Kerzen anzuzünden und das heilige Feuer der Wiederkehr des Lebens zu begrüßen.

Im Kreis ist es Zeit, neue Gefährtinnen einzuweihen und ihnen Namen zu geben, in den Kivas werden Kinder in die religiösen Riten eingeführt. Bei den Hopi werden Hunderte von Bohnensamen in den Kivas gepflanzt - Symbol aufkeimenden Lebens. Es ist die Zeit der Kachinas, der Poesie, Kunst und der Musen. Licht kommt auf die Welt. Die Dunkelheit zieht sich zurück. Darin liegt Heil.

Das Zentrum

Vollkommene Liebe und Vollkommenes Vertrauen.

Friede.
Wie oben, so unten.
Vollendete Harmonie.

Es ist eine Zeit, in der sich alles einander zuneigt. Frauen sind eins mit dem Universum, sie haben am Licht der Göttin Anteil und wissen, daß ihre Güte allen Wesen zukommt. Das ist das Wesen der matriarchalen Gemeinschaften: Übereinstimmung und Reibung ohne Disharmonie. Wenn sie nicht Liebende sind, sind die Frauen doch Schwestern, die sich respektieren. Der Weg ist Schönheit, Fülle und Freude. Vertrauen wird erfüllt und bestätigt.

Die Härte des Winters löst sich im Frühling auf, Kälte weicht dem warmen, hellen, neuen Erwachen. Frauen zünden Kerzen an und geben der Poesie und der Kunst Raum. Die Frau, die dieses Hexagramm erhält, hat Erfolg in ihren Handlungen.

Das Bild

Wie oben so unten.
Friede bringt
Wohlstand und Liebe.

Die Göttin ist in den Frauen. Blüte und Neuanfang prägen diese Zeit. Frauen verbinden sich mit dem Fluß und dem Gleichgewicht der Natur. Sie wachsen und wachen mit ihr. Sie funkelt und strahlt.

Die Bewegung

Neun am Anfang:
Erde um ihre Wurzeln.
Wohlstand.

Die Spirituelle Frau ist verwurzelt wie ein Baum und gibt anderen Halt. Wenn Harmonie und Licht das Leben der Gemeinschaft erhellen, profitieren alle. Glück liegt über der Gemeinschaft. Die Spirituelle Frau hilft anderen, indem sie Verbundenheit lebt und zeigt.

Neun auf dem zweiten Platz:
Sie geht auf friedlichen Wegen
Kein Makel.

Die Spirituelle Frau kann in solchen strahlenden Zeiten alle Frauen ihrer Umgebung respektieren. Sie leiht ihre Fähigkeit anderen und lernt von den Müttern und Priesterinnen. Sie verschwendet nicht und hat für alles Verwendung. Sie ist großzügig, sanft und freigebig, weiß aber auch, wann sie riskieren, nehmen, handeln muß. Selbst Frauen, die weit entfernt scheinen, haben Anteil an diesem wohltuenden Einfluß. Sie weiß, wie sie Streit und Gewalt vermeiden kann.

Neun auf dem dritten Platz:
Im Aushalten
Liegt Veränderung.

Sie verändert alles, was sie berührt, und alles, was von ihr berührt wird, wandelt sich (Starhawk, *Spiraldance*). Vor der Dunkelheit steht das Licht, und vor dem Frühling ist Winter. Alle Anfänge haben ein Ende. Das Rad des Lebens, des Glücks dreht sich und steht niemals still. In guten Zeiten erinnert sich die Spirituelle Frau auch an die andere Seite des Rads, an die Kälte des Winters. So wie sie sich in schweren, grauen Zeiten an das blühende Leben erinnert und sich mit diesem Wissen neu belebt. Mit dem Wissen dieser universellen Zyklen bleibt sie verwurzelt. Sie hält aus, spürt die Stärke ihrer inneren Natur und triumphiert.

Sechs auf dem vierten Platz:
Alles erfüllt sich
In der Mutter.

In vielversprechenden Zeiten treffen sich begabte und unbegabte, ausgebildete und weniger ausgebildete Frauen auf gemeinsamem Boden. Alle sind in der Großen Mutter eins. Kein Neid, kein Konflikt trüben die Einheit. Wohlstand durch Frieden. Ehrlichkeit bringt den Frauen der Gemeinschaft Erfüllung. In ihrer Unterschiedlichkeit wachsen sie zusammen.

Sechs auf dem fünften Platz:
Die Spirituelle Frau
Gibt ohne Eigennutz.

Die Frau schreitet in Schönheit, und die Sonne scheint auf ihre Haut. Sie steht in ihrer vollen Größe in der Welt. Sie ist. Ganz ohne Angst, abgelehnt zu werden, kann sie teilen, was sie hat. Segen und Heil für alle.

Oben eine Sechs:
Wandlung kommt
Zur rechten Zeit.

Veränderungen kommen, der Wechsel ist eingetreten. Nach einem Sturm wird es aber wieder hell. Der Wechsel muß kein Schaden sein. Durch Wissen und Anerkennung der Situation meistert die Spirituelle Frau alle Schwierigkeiten. Sie wartet. Aus ihrer Verbundenheit kommt Erfolg. Das Wissen um die Harmonie des Universums bringt Heilung und Harmonie.

12. Pi - der Mißklang

———

——— oben: Kien - das Schöpferische, Himmel, Luft, Labrys

———

— —

— — unten: Kun-die Erde, das Pentagramm, das Empfangende

— —

Dieses Hexagramm bildet zum vorgehenden Zeichen einen Gegensatz, die Erde ist hier nicht über der Luft, sondern unter dem Universum und bewegt sich davon fort. Die kreativen Kräfte sind nicht im Einklang, daraus ergibt sich ein Abnehmen der Kräfte und Dunkelheit. Hier wird der Herbst beschrieben, der chinesische Monat August/September, Lammas, der Einschnitt zwischen dem Wachsen und Vergehen, zwischen Sommer und Winter.

Bei der Hopi-Nation wird zweimal im Jahr mit zeremoniellen Tänzen der Schlange/Antilope das Flötenritual gefeiert. Die Ernte reift, aber sie ist noch nicht bereit, geschnitten zu werden. Der Ausgang der Erntearbeit ist noch unsicher. Persephone hat die Erde verlassen, und Demeter, die Erntegöttin, läßt die Erde aus Trauer verdorren.

Das Zentrum

Das Rad dreht sich. Zeit zu warten.

> Mißklang und Vergehen der Kraft.
> Die Spirituelle Frau
> Wartet und hält aus.

Fülle verläßt die Erde, die irdische und die universelle Ordnung sind nicht mehr im Einklang. Friede ist ungewiß, aus dem Frühling hat sich langsam der Herbst entwickelt, die Erde bereitet sich auf das Einfrieren der Kraft vor, Kälte und Tod werden sichtbar. Die Göttin der Geburt zeigt ihr anderes Gesicht, das des Todes und der Kälte. Das Licht nimmt ab, und Dunkelheit rückt mächtig vor. Die Schwächeren wollen jetzt die Mütter leiten und scheitern. Wenn sich das Rad dreht, wandelt sich alles.

Das Bild

Erde und Luft streben auseinander:
Mißklang und Abnehmen der Kraft.
Die Spirituelle Frau
Hält ihre Kraft zurück
Und wartet.

Wenn in einer Gemeinschaft Mißklang und Disharmonie entstehen und die Schwächeren führen, gehen Wachstum und Wohlstand nieder. Die Spirituelle Frau verhält sich korrekt. Bis die Kräfte wieder steigen und das Rad sich weiter dreht, hält sie sich zurück und unterstützt niemand. Sie sät nicht Streit und Konflikt, sie verbündet sich nicht gegen andere. Sie intrigiert nicht. Sie wartet.

Die Bewegung

Sechs am Anfang:
Halte die Wurzeln geerdet.
Aushalten
Bringt Heil.

Diese Linie ist der ersten Linie vom Zeichen 11 ähnlich, aber die Bedeutung ist in dieser Verbindung genau das Gegenteil. Die Spirituelle Frau wird durch Mißklang aus ihrer Gemeinschaft gerissen. Sie zieht sich zurück und wartet. Handlung bringt Schaden. Wie ein entwurzelter Baum trauert die entwurzelte Frau. Indem sie bei ihrer inneren Kraft bleibt und sich nicht beirren läßt, bleibt die Zeit der Trauer kurz. Friede kehrt zurück, ihr Wert wird wieder anerkannt.

Sechs auf der zweiten Linie:
Die Spirituelle Frau
Wartet ruhig.
So bringt die Stockung Gelingen.

Die Spirituelle Frau wartet, bis ihre Schwestern bereit sind zu hören. Sie erzwingt nicht die Aufmerksamkeit und akzeptiert das Zensieren ihrer Handlungen bewußt. Ihre Fähigkeiten schlummern, bis sie wieder gebraucht werden.

Sie trauert und gibt niemandem die Schuld. Sie weiß, daß ihr Rückzug nicht lange währt.

Sechs auf dem dritten Platz:
Die schwächeren Frauen
Vermissen ihre Schwester.
Reue und Gelingen.

Die schwächeren Frauen sind verstört, und sie erkennen die Bedeutung ihrer Schwester für die Gemeinschaft. Sie versuchen, gut zu arbeiten, aber ihnen fehlen Fähigkeiten und Erfahrungen. Obwohl sie ihr Bestes tun, reicht es nicht. Zum Wohl aller suchen sie Hilfe.

Neun auf dem vierten Platz:
Die Spirituelle Frau
Bleibt im Einklang mit dem Universum
Und wird gebraucht.

Mißklang wandelt sich. Die Spirituelle Frau akzeptiert, daß sie geholt wird, um die Dinge in Ordnung zu bringen. Wenn wir im Einklang mit dem Universum sind, fällt uns alles zu. Sie wird um Hilfe gebeten und leiht ihr Können. Friede kehrt zurück.

Neun auf dem fünften Platz:
Das Rad dreht sich.
Zeiten wandeln sich.
Die Gemeinschaft genießt den Segen.

Das Rad dreht sich, Veränderung zum Guten. Friede ist zwar noch nicht erreicht, wird aber angestrebt. Die Spirituelle Frau sieht die Hoffnung im Negativen, den Sommer im Winter, das Licht in der Dunkelheit. Sie macht sich klar, daß Gefahren drohen, und geht vorsichtig vor. Ihre Absichten sind gut und bringen Heil.

Oben eine Neun:
Mißklang
Verklingt.
Zuerst Zögern,
Dann Gelingen.

Mit dem Fluß der Zeit kommt die Veränderung. Die Spirituelle Frau gründet ihre Handlungen auf ihre Verbundenheit mit der Natur. Von ihr lernt sie. Bemühungen bringen Frieden, doch es muß noch viel getan werden, um die Harmonie zu festigen. Wie das Wachsen ist auch das Schwinden eine natürliche Kraft. Kein Makel. In der Gemeinschaft ist die schwindende Kraft ein Konfliktstoff, der zwischen den Schwestern geklärt werden muß. Diese Anstrengung ist nicht einfach. Wenn Mißklang endet, scheint alles unbeweglich. Aber aus der Starre wächst langsam wieder Bewegung, Gelingen und neuer Frieden. Das Zeichen wandelt sich in das Hexagramm 11.

13. Tung Jen - Gemeinschaft (die Schwestern)

———
——— oben: Kien - das Schöpferische, Luft, Labrys, Himmel
———

———
— — unten: Li - das Feuer, der Blitz, das Haftende
———

Ein brennender Stab berührt das Universum. Das Element Feuer ist ein Symbol für das Leuchten der Verbundenheit unter Frauen. Dies Hexagramm ergänzt das Zeichen 7, in dem die Frauen Grundlagen und Stärke der Frauengemeinschaften sind. In diesem Zeichen geht es nicht nur darum, sondern auch um Liebe und gegenseitige Stärkung.

Die treibende Kraft der Gemeinschaft ist Klarheit, Ehrlichkeit, Entschlossenheit und über allem die Liebe zueinander. Die leuchtende Fackel der weiblichen Kraft wärmt und erhellt die Welt.

Das Zentrum
Weltfrieden durch die Verbundenheit der Frauen.

Stolze Schwesternschaft.
Helle Freude.
Alles trägt zum Gelingen bei.

Mit den Schwestern verbunden zu sein, ist ein Funke, der überspringt und zwischen Erde und Himmel tanzt. Begeisterung, Respekt und Freundschaft dienen der Einheit zwischen Frauen. Mit dem Gefühl der Verbundenheit zwischen Schwestern kommt Gelingen und Friede.

Die Spirituelle Frau macht sich die Qualitäten der anderen Frauen klar. Hell und klar sieht sie die dreifache Göttin überall um sich. Indem sie die Frauen ehrt und respektiert, trägt sie zum Gleichgewicht der Welt bei.

Das Bild

Das universelle Feuer.

Schwesternschaft in der Gemeinschaft.
Die Erhabene Frau
Findet Freude und Ordnung
In der Verschiedenheit der Frauen.

Die Doppelaxt und der Feuerstab bewegen sich nach oben. Wie die universelle Luft sich in der natürlichen Ordnung ausdehnt und Raum einnimmt, so erhellen die Frauen, die sich gegenseitig achten und fördern, die Erde. Eine blühende Gemeinschaft braucht die verschiedenen Fähigkeiten und Qualitäten aller Frauen. So werden alle Kräfte zu einem großen Feuer.

Die Bewegung

Neun am Anfang:
Schwesternschaft wärmt.
Sie beginnt.
Die Wärme der Gemeinschaft breitet sich schon am Anfang aus. Die Schwestern kennen sich nicht, sind aber offen und aufnahmebereit. Keine Konflikte und Meinungsverschiedenheiten haben sich bisher ergeben. Grundsätzlich sind sich alle einig.

Sechs auf dem zweiten Platz:
Die Guten und Schlechten
Werden ausgewählt.
Gefährliches Feuer.
Die Flamme der Eifersucht schlägt hoch und versucht die Frauen. Uneinigkeit und Mißklang. Eigennutz schadet der Gemeinschaft der Frauen. Wenn einige Frauen ausgewählt, andere ausgeschlossen werden, kommt Unfrieden. Wichtige Fähigkeiten werden so verschwendet, den Frauen wird unrecht getan. Eine solche Haltung bringt Unglück.

Neun auf dem dritten Platz:
Sie behält ihre Gaben für sich
Stockung.
Die Gemeinschaft ist durch Eifersucht und Mißtrauen gestört. Neid

bestimmt das Handeln der Frauen. Sie breitet ihre Fähigkeiten aus, aber sie teilt sie nicht und behält alles für sich. Durch mißtrauische Gedanken setzt sie Feindseligkeit in die Welt. Sie isoliert sich durch ihre Taten und durch ihr Verhalten. Je länger sie das tut, um so einsamer wird sie. Sie nutzt ihr Feuer nicht richtig, und alles schwelt.

Neun auf dem vierten Platz:
Sie sieht über den Horizont
Ihres Feuers hinaus.
Leichte Besserung.

Die Frau kommt zu sich. Sie steht wohl hinter ihrem Feuer, sieht aber weiter hinaus. Sie geht noch nicht nach außen, aber das wird sie bald tun. Sie fängt wieder an, den Schwestern zu trauen.

Neun auf dem fünften Platz:
Zwei Frauen.
Leuchtender Segen.

Zwei Frauen sind ein Herz und eine Seele, aber sie haben sich voneinander entfernt. Sie erreichen sich gegenseitig nicht. Durch Hindernisse rücken sie näher zusammen. Sie arbeiten an ihren Differenzen und erreichen Einigkeit. Ein Funke von Wärme verbindet ihre gemeinsamen Bemühungen. Wenn sich zwei Frauen innerlich einig sind, bleiben sie auch äußerlich nicht getrennt.

Oben eine Neun:
Frauen verbünden sich.
Das Feuer brennt.

Die Erhabene Frau sucht nicht nur den Einklang mit einzelnen Frauen, sondern will das Netz der Frauengemeinschaft. Ihre Beziehungen zu Frauen sind nicht so innig wie die zu ihrer Liebe. Sie wärmt die Menschen, mit denen sie eng zusammen ist, aber jene, die sie nicht kennt, fühlen ihre Wärme nicht. Die Gemeinschaft der Frauen ist nicht erreicht, rückt aber näher. Frauen verbünden sich, um sich zu feiern, und erreichen die anderen Frauen auch. In der Gesellschaft mit anderen brennt das Feuer hell.

14. Da Yu - die Gaben der Göttin

———

— — oben: Li - das Feuer, der Stab, das Haftende

———

———

——— unten: Kien - das Schöpferische, Luft, Himmel, Labrys

———

Hell leuchtet das Universum, und in seiner Klarheit sind alle Dinge vollkommen. Die weiche fünfte Linie dominiert das Hexagramm, aber die fünf starken Linien unterstützen sie. Alles ist der Spirituellen Frau möglich, sie schafft Fülle und verwirklicht ihre Wünsche.

Bei der Sommersonnenwende tanzen Frauen um ein Ritualfeuer. Es ist die kürzeste Nacht des Jahres. Die Flammen fliegen hinauf zu den Sternen, und die Frauen folgen. Licht umarmt die Finsternis und wird zum Samenkorn. Die Erde reift in Fruchtbarkeit, ihre Fülle ist sichtbar. Die Fülle des Universums ist das Geschenk der Göttin, an dem die Frauen teilhaben.

Das Zentrum
Großzügige Fülle. Wärme.

Die Göttin schenkt
Aus ihrer Fülle.
Erhabenes Gelingen.

Das Hexagramm symbolisiert eine Verbindung zwischen Wahrheit und Licht, die Kraft des Kreises, des Kreisens. Die Fülle der Erde ist allen frei zugänglich. Mit Güte und Klarheit wird der Mond gerufen. Der Spirituellen Frau steht genug Zeit zur Verfügung, um alles zu erreichen, was sie will. Flammender Mut und Stärke bringen sie ihrem Ziel nahe. Macht! Die Göttin zeigt sich. Sie bietet ihren Töchtern leuchtende Gaben.

Das Bild

Licht im dunklen Universum.
Die Gaben der Göttin.
Leuchten von unten.

Die Göttin schenkt allen Wesen auf der Erde Licht. Mond im Wachsen und Vergehen, in Sanftheit und Dunkelheit ist ein Symbol der Göttin. Dunkelheit wird hell, aus der Jungen Frau wird die Mutter und die Weise Alte. Die Spirituelle Frau handelt im Gleichgewicht mit den wechselnden Aspekten der Mondgöttin. Humor und Intuition sind am rechten Platz. Die Spirituelle Frau bestimmt selbst über ihr Leben. Die Göttin erfüllt alle Wünsche. Die Spirituelle Frau nutzt ihre Gaben gut.

Die Bewegung

Neun am Anfang:
Sie tut, was sie will,
Und schadet niemandem.

Gaben bringen Verantwortung. Die Spirituelle Frau nutzt ihre Macht besonnen. Niemand erleidet Schaden durch ihre Taten, Gedanken oder Träume. Indem sie ihre Energien erkennt, wird die Frau verantwortlich für ihre Benutzung. Was sie aussendet, kehrt zu ihr zurück, ist an einer Nabelschnur mit ihr verbunden. Gaben werden in ihrer frühen Entwicklungsphase noch nicht genutzt, es entteht kein Schaden. Fähigkeiten müssen erlernt, Entscheidungen getroffen werden. Indem die Spirituelle Frau ohne böse Absichten handelt, hält sie sich an das universelle Gleichgewicht.

Neun auf dem zweiten Platz:
Sie beginnt sorgfältig.
Wärmende Wirkung.

Eine Fähigkeit besteht daraus, wie sie angewendet wird und welchen wirklichen Nutzen sie für ihre Trägerin hat. Die älteren, weiseren Frauen helfen der Spirituellen Frau zu lernen, sie geben ihre Unterstützung und ihr Wissen. Verantwortung muß mit Frauen geteilt werden, die stark genug sind, sie mitzutragen. Indem Aufgaben geteilt werden, erreicht die Spirituelle Frau ihre Ziele.

Neun auf der dritten Linie:
Sie gibt, was sie hat.
Gutes Gelingen.

Fähigkeiten sind kein Besitz, sie laufen nur durch die Trägerin hindurch und werden von ihr genutzt. Die Spirituelle Frau weiß das und leiht sie großzügig. Wenn geteilt wird, steht immer noch mehr zur Verfügung.

Neun auf dem vierten Platz:
Sie schließt sich vertrauensvoll an.
Kein Makel.

Die Frau tritt in einen Kreis von Frauen ein. Sie begegnet den anderen Frauen liebevoll und vertrauensvoll und läßt sie an ihrem Wissen teilhaben. Sie lernt, die anderen lernen, der Kreis profitiert. Alle erreichen Offenheit.

Sechs auf dem fünften Platz:
Vereinte Gaben.
Kein Makel.

Die Spirituelle Frau nutzt ihre Gaben weise, die Schwestern erkennen ihre Integrität. Sie respektiert die Schwestern, die Schwestern achten sie gleichermaßen. Sie bleibt mit ihren Grundlagen verbunden und wächst.

Oben eine Neun:
Die Gaben der Göttin
Bringen Heil.

In Würde und Integrität erinnert sich die Spirituelle Frau an die Quelle ihrer Gaben. Aus der Fülle ihres Wohlstands gibt sie, denn wo festgehalten wird, fließt nichts nach. Sie ehrt die Mütter, die Priesterinnen, die Alten, ihre Schwestern, und sie ehrt die Göttin.

15. Kien - die Bescheidenheit

— —
— — oben: Kun - die Erde, das Pentagramm, das Haftende
— —

———
— — unten: Gen - der Berg, das Stille Halten
— —

Der Berg und die Erde ergeben zusammen das Hexagramm Kien, die Bescheidenheit. Ein Berg reckt sich zum Universum und berührt sowohl Erde als auch Himmel. Seine majestätische Stille, die Bäume, die wilde Landschaft und die wilden Wesen darin pulsieren im Rhythmus des Universums. Das Maß und die Bescheidenheit des Berges sind in Harmonie mit der Erde und dem Universum. Maß und Bescheidenheit sind aufnehmende Kräfte. Sie erheben die Erhabene Frau, die diese Tugenden pflegt.

DAS ZENTRUM
Das Gesetz des Kreises. Bestätigung.

> Bescheidenheit und Ordnung.
> Die Erhabene Frau
> Lebt im Zyklus der Natur.

Das Gesetz des Universums ist, daß alles kommt und geht, daß alles sich wandelt und neu wird. Das Schicksal der Erhabenen Frau wird durch ihre Handlungen gesteuert, und wenn sie richtig handelt, stimmt sie mit den Gesetzen des Universums überein. Veränderungen formen Kosmos und Erde, alles strebt nach Balance. Die Erhabene Frau erkennt Naturgesetze und Zyklen und formt ihr Leben nach ihnen und nicht allein nach ihrem Willen. Sie erkennt, daß auch Zerstörung ihre rechte Zeit hat. Sie lebt Bescheidenheit und Maß, indem sie Gewalt vermeidet. Sie erzwingt nichts, strebt nach oben, ist in der Tiefe verwurzelt. Ihre Handlungen sind durch innere Sicherheit geleitet, sie lebt in der Mitte ihres Lebensrads.

DAS BILD

> Erde über dem Berg.
> Bescheidenheit.
> Die Erhabene Frau
> Sorgt für den Ausgleich der Kräfte.

Der Fuß eines Bergs wächst tief unter die Erde, und die Bergspitze streckt sich weit hinauf zum Himmel. Höhe und Tiefe sind die Stärke des Bergs. Die Erhabene Frau arbeitet an sich, um in ihr Leben Ordnung zu bringen. Sie schafft einen Ausgleich zwischen Höhenflügen und Verwurzelung. Gutes Gelingen.

DIE BEWEGUNG

> *Sechs am Anfang:*
> Die Erhabene Frau
> Geht einfach vor.

Eine Aufgabe wird leichter vollbracht, wenn sie nicht durch Ausreden und Ausweichen behindert wird. Die Erhabene Frau geht direkt an die Arbeit und trifft nicht auf Hindernisse. Die gemäßigte Frau erfüllt ihre Aufgabe leicht.

Sechs auf dem zweiten Platz:
Bescheidenheit
Bringt gutes Gelingen.

Die Haltung einer Frau zeigt sich in ihrem Handeln. Bescheidenheit bringt ihr Triumph und Gewinn. Fördernd ist Beharrlichkeit.

Neun auf dem dritten Platz:
Die Erhabene Frau
Erfüllt ihre Aufgaben.
Gelingen.

Anerkennung kann die stärkste Frau aus dem Gleichgewicht bringen. Die Frau, die sich einen Namen macht, neigt dazu, die berechtigte Kritik der anderen nicht mehr zu sehen. Verblendung. Indem die Erhabene Frau bescheiden bleibt, wird sie für das, was sie erreicht hat, respektiert. Sie verdient die Bestätigung ihrer Schwestern und vollendet die Aufgabe mit deren Hilfe.

Sechs auf dem vierten Platz:
Die bescheidene Frau
Bestätigt
Die kosmische Ordnung.

Alle Dinge haben im Rad des Lebens ihren Platz. Bescheidenheit vermeidet Exzeß. Bescheidenheit und Ruhe bringen Gelingen und erweitern die Grenzen.

Die Erhabene Frau erkennt an, lehrt und ermutigt ihre Schwestern, ihre Fähigkeiten auszubauen.

Sechs auf dem fünften Platz:
Bescheidenheit
Bestimmt ihr Schicksal.

Bescheiden zu sein, heißt nicht passiv abzuwarten. Die Erhabene Frau handelt verantwortlich und gestaltet ihr Schicksal. Sie handelt ohne Arroganz und überschätzt ihre Fähigkeiten nicht. Sie behandelt ihre Schwestern mit Respekt. Sie muß sich mit dem, was sie kann und gewinnt, nicht brüsten.

Oben eine sechs:
Wahre Bescheidenheit
Bringt Harmonie.
Fördernd ist Beharrlichkeit.

Ihre Bescheidenheit und maßvolles Auftreten geben der Erhabenen Frau Stärke. Sie macht in Krisenzeiten nicht andere verantwortlich. Sie bringt sich mit all ihren Kräften ein und bleibt beharrlich bei ihrer inneren Stärke und ihrem Mut.

Bemerkung zu den Linien:
Im traditionellen I Ging haben wenige Hexagramme sechs positive Linien-Deutungen. Im I Ging für Frauen dagegen wird in jeder Linie die positive Kraft dieser Linie beschrieben. Trotzdem ist es wert anzumerken, daß das Hexagramm Kien, Bescheidenheit, ein vollkommen positives Hexagramm der traditionellen Übersetzung ist. Bescheidenheit wird in China als der Schlüssel zum Erfolg gesehen.

16. Yü - die Begeisterung

— —
— — oben: Dschen - das Erwachen, der Donner, das Erregende
———

— —
— — unten: Kun - die Erde, das Pentagramm, das Haftende
— —

Die starke vierte Linie steht für eine Mutter, eine Frau mit wichtigen Aufgaben. Die weichen Linien stehen für ihre Schwestern, die mit Begeisterung und gutem Willen auf sie hören. Die Energie des Zeichens, der Donner, der mit der Erde zusammentrifft, stellt die Spirale der natürlichen Ordnung dar und bedeutet Übereinstimmung, Zusammenarbeit, Friede.

Frauen arbeiten begeistert zusammen, um ein Orchester zu bilden. Jede spielt ein anderes Instrument. Jedes Instrument ist auf eigene Weise schön. Eine Dirigentin bringt alle so zusammen, daß es schließlich ein Klang, Einklang wird. So ist es in den Gemeinschaften der Frauen: Die Frauen bringen ihre Talente zusammen, eine Mutter dirigiert.

Das Zentrum
Willige Zusammenarbeit. Goldener Friede.

> Begeisterung und
> Guter Wille.
> Die Mütter finden
> Viele Helferinnen.

Verbunden mit den Zyklen der Erde finden die Mütter Aufnahmebereitschaft und den Willen zur Zusammenarbeit bei den Schwestern, deren Bedürfnisse und Nöte sie kennen, und Helferinnen stellen sich ein. Viele Hände machen die Arbeit leicht. Begeisterung verbindet Viele Töne erschaffen ein wundervolles Konzert. „Macht über" existiert nicht mehr. Gutes Gelingen und willige Bemühungen.

Das Bild

> Donner weckt die Erde.
> Ein Bild der Bereitschaft.
> Sphärenmusik.

Ein Sturm im Sommer bringt der Erde Regen, die Hitze und die Anspannung lassen nach. Die Frauen fühlen sich erneuert und feiern und musizieren. Einige tanzen mit Begeisterung, während ihre Schwestern Trommeln und Flöten spielen. Sie finden sich lustvoll als Gruppe zusammen. Musik spiegelt das Lied des Universums und der Göttin. Sie ist freudig und mächtig, und ihr Ritual ist eine Lust. Spiritualität vereint die Freude und die Lust der Frauen. Universum und Erde treffen sich in Ekstase und verbinden sich.

Die Bewegung

> *Am Anfang eine Sechs:*
> Überschäumende Begeisterung.
> Unheil.

Überschäumende Begeisterung ist wie Arroganz eine Energie, die über andere ausgeübt wird. Die Erhabene Frau vermeidet es, derart auf ihre Umgebung einzuwirken. Begeisterung soll nicht die Selbstbestätigung fördern und trägt zu den eigenen Verdiensten nichts bei. Begeisterung, die gute Handlungen auslöst, bringt mehr als große Worte: Die Fähigkeit zur Zusammenarbeit und der gute Wille bringen gutes Gelingen.

Sechs auf dem zweiten Platz:
Konzentrierte Bereitschaft.
Beharrlichkeit bringt Heil.

Die Erhabene Frau läßt sich von begeisterten Worten nicht täuschen, sie verläßt sich auf ihre Handlungen und ihren Instinkt. Sie schmeichelt niemandem und hält ehrliche Anerkennung nicht zurück. Sie ruht in sich, ausgeglichen, sicher und offen. In schwierigen Zeiten zieht sich die Erhabene Frau zurück und analysiert die Lage, ehe sie etwas dazu sagt. Sie weiß, wann ihre Bereitschaft zum Handeln in Aktion umgesetzt werden muß.

Sechs auf dem dritten Platz:
Sie schaut auf die Alten.
Gutes Gelingen!

Zu Initiative und Achtung vor den weisen Alten kommt die Eigenverantwortung. Sie wartet nicht, bis ein Konflikt von außen gelöst wird. Sie nimmt den Platz ein, an dem ihr Können am besten umgesetzt werden kann, auch wenn es nicht der Platz ist, den sie gerade am liebsten hätte. Zögern bringt Unheil. Die Achtung vor der Weisheit der Mütter bringt gutes Gelingen.

Neun auf dem vierten Platz:
Ehrliche Begeisterung
Inspiriert große Taten.

Die Erhabene Frau vermag durch ihre Sicherheit und Stärke andere zu begeistern. Die Schwestern folgen ihr ruhig und voll Vertrauen. Sie respektiert ihre Anstrengungen, und alle arbeiten aus ganzem Herzen zusammen.

Sechs auf dem fünften Platz:
Dauernder Druck
Verhindert Gelingen.

Unter großem Druck ist eine Zusammenarbeit nicht möglich. Wahre Begeisterung wird verhindert. So reicht die Kraft nur zum Durchhalten. Die Erhabene Frau erdet sich und sucht die Unterstützung ihrer Schwestern. Indem Verantwortung geteilt wird, läßt der Druck nach, und Freude erfüllt wieder alles Handeln.

Oben eine Sechs:
Begeistertes Erwachen.
Kein Makel.

Die Erhabene Frau vermeidet blinde Begeisterung, wenn sie sich irrt, ändert sie ihre Haltung. Sie wendet sich an ihre Schwestern, die sie unterstützen und ihr bei ihrem Wachstum helfen. Bewußtsein wandelt Arroganz in Bereitschaft zur Zusammenarbeit. Wissen über sich selbst und Ernüchterung bringen Gelingen.

17. SUI - DIE NACHFOLGE

— —
——— oben: Dui - der See, das Heitere
———

— —
— — unten: Dschen - das Erwachen, der Donner, das Erregende
———

Dui, das Heitere, die jüngste Tochter, steigt über Dschen, das Erwachen, der Donner, auf, das bringt Freude in der Bewegung, das Nachfolgen. Die Tochter folgt der Mutter freudig, und ihre eigenen Kräfte erwachen. Sie folgt, ehe sie selbst führt, und lernt durch das Beispiel der Mutter, mit den Strömungen zu fließen.

So wächst sie selbst in die Rolle der Erhabenen Frau und tritt die Nachfolge an.

DAS ZENTRUM

Zu ihrer Zeit tritt sie die Nachfolge an. Sie lernt und führt.

Die Frau, die folgt,
Lernt zu führen.
Alles ist im Fluß.

Indem sie das Gute weiter wirkt, wächst die Erhabene Frau in ihre Aufgaben hinein. Die Schwestern folgen der Frau, die zu ihrer Zeit folgte. Alle Dinge wandeln sich, wie die Nachfolgende zur Führerin wird. Die Erhabene Frau passt sich den Erfordernissen der Zeit an.

Das Bild

Donner ruht im See:
Die Nachfolge.
Die Erhabene Frau
Wächst im Kreis des Jahres.

Im Herbst verläßt die Lebenskraft die Erde und verbirgt sich bis zum Frühling in ihrer Tiefe. Der Donner hat sich im See zur Winterruhe begeben. Die Nachfolge spiegelt das Akzeptieren der Zyklen der Natur und des Lebens. Die Erhabene Frau, die gelehrt und geführt hat, erlaubt sich mehr Ruhe und zieht sich als Weise Alte zurück. Sie macht Platz für die Nachfolgenden. Ihre Entscheidung ist weise, weil sie im Fluß der Zeit bleibt. Sie übergibt die Aufgaben an jüngere Frauen und bleibt im Hintergrund, um zu lehren und zu helfen, wo es nötig ist. Ihr Platz in der Gemeinschaft verändert sich, aber er wird nicht geringer. Die Erhabene Frau arbeitet nicht gegen die Kräfte der Natur, sondern mit ihnen, sie tut, was an der Zeit ist.

Die Bewegung

Am Anfang eine Neun:
Die Zeit fließt.
Beharrlichkeit bringt Heil.
Die Frau, die folgt, wird führen, und die Führende wird folgen. Die Tochter folgt der Mutter und wird selbst eine Mutter. Wer leitet, muß den Strömungen zugänglich bleiben. Die Erhabene Frau ist offen für alles. Sie sucht die Weisheit nicht nur in ihrem engen Kreis und weist Ideen nicht zurück, nur weil sie nicht die eigenen sind. Sie fließt mit allem und hört sich alles an. In der Gemeinschaft von Frauen sind alle gleichwertig, keine ist höher oder geringer.

Sechs auf dem zweiten Platz:
Sie folgt
Dem Inneren Kind.
Indem sie auf das Kind in sich hört, verliert sie nicht die Fähigkeit, sich zu freuen. Sie verbindet sich mit ihren Anfängen und lernt.

Sechs auf dem dritten Platz:
Sie folgt und führt.
Gutes Gelingen.

Sie folgt ihrer inneren Weisheit und ihren Schwestern und sucht nicht oberflächliche Bestätigung. Sie gibt nicht, um zu bekommen, ihre Schwestern erkennen ihren Wert, und sie merkt, daß sie führt, indem sie folgt.

Neun auf dem vierten Platz:
Die Schwestern folgen ihr.
Kein Makel.

Die Schwestern folgen der Erhabenen Frau nicht, weil sie sich einschmeicheln wollen. Sie respektieren ihre Fähigkeit und schließen sich ihr aus Überzeugung an. Die Erhabene Frau erkennt Manipulation und nutzt andere nicht aus. Indem sie sich auf Klarheit und Ehrlichkeit konzentriert, durchschaut sie die Absichten anderer und erreicht Selbstbestimmung. Wenn sie nicht aus egoistischen Motiven handelt, liegt in der Nachfolge der Schwestern kein Makel.

Neun auf dem fünften Platz:
Große Wahrhaftigkeit.
Gutes Gelingen.

Die verschiedenen, wandelbaren Gestalten der Göttin bringen Harmonie. Indem sie der Schönheit und Wahrheit der Göttin in ihren Erscheinungsformen in jeder Frau und der Erde folgt, erreicht die Erhabene Frau Wahrhaftigkeit, Glück und gutes Gelingen.

Oben eine Sechs:
Die Weise Frau
Gibt ihre Zurückgezogenheit auf.

Eine geachtete Weise Alte und Heilerin, die sich aus der Gemeinschaft zurückgezogen hat, wird von einer jungen Frau aufgesucht. Die Tochter bittet um Rat, und die Weise Alte kehrt in die Gemeinschaft zurück, um zu helfen. Die Weise hilft der Tochter, den Weg zu finden, und ein Band der Freundschaft bleibt zwischen ihnen. Indem die Junge die Hilfe der Alten sucht, folgt sie ihr und führt sie. So bleiben beide im Fluß der Zeit.

18. Gu - das Verdorbene

———
— — oben: Gen - der Berg, das Stille Halten
— —

———
——— unten: Sun - der sanfte Wind, das Eindringen, das Holz
— —

Gu ist der gefallene Baumstamm, den Ameisen und Insekten zerfressen: Das Bild des Verfalls, des Verdorbenen. Die Sanftheit des Holzes trifft auf die Härte des Berges, der Wald verfällt und vermodert. Es gibt Anzeichen, daß etwas Nötiges nicht getan wurde. Aber Verfall und Verderben sind auch natürliche Kräfte im Zyklus der Jahreszeiten.

Indem der Baum verfault, wird er Nahrung für die Erde. Materie verändert ihre Form, aber sie ist nie wirklich zerstört. Verfall ist ein Aspekt des Gleichgewichts im Universum: Ohne Verfall und Zerstörung gibt es keine Veränderung.

Das Zentrum
Handeln gestaltet das Schicksal. Entscheidung und Kraft bringen Gelingen.

Handeln gegen den Zerfall:
Die Energie der Frauen.
Anstrengung bringt Gelingen.

Im Universum folgt auf ein Ende ein Neubeginn, Zerstörung wird durch Schöpfung abgelöst - die Spirituelle Frau gestaltet ihr eigenes Schicksal innerhalb dieser Gesetze. Die richtige Handlung kann den Verfall aufhalten und wandeln, aber sie erfordert Anstrengung, Risiko und Strategie. Sie handelt mit Macht, aber ehe sie handelt, bedenkt sie alle Folgen ihres Tuns.

Die Spirituelle Frau versteht Verfall und Verderben, ehe sie versucht, diesen Prozeß zu wandeln. Aus ihrer Sanftheit und dem, was sie geschaffen hat, wächst Macht, etwas geht zu Ende, und Zerstörung wandelt sich in Neuanfänge.

Das Bild

Holz unter dem Berg:
Das Bild des Verdorbenen.
Die Spirituelle Frau
Sieht die Fehler.

Die Spirituelle Frau erkennt das Verdorbene, die Fehler und lenkt die Aufmerksamkeit der Schwestern darauf, um sie zu korrigieren. Mutig und sanft motiviert sie die Schwestern. Die Härte des Bergs und die Weichheit des Holzes verkehren sich in ihr Gegenteil.

Die Bewegung

Am Anfang eine Sechs:
Das Falsche korrigieren.
So wird aus der Gefahr Triumph.

Die alte Ordnung ist zerfallen, aber für die Frauen ist das kein Schaden, die matriarchalen Lebensformen sind ihre Überlebensmöglichkeiten. Die alte brüchige Ordnung wandelt sich in einen frischen, neuen Tag. Die Schwestern sind erregt und nehmen die Herausforderung an. Aus dem Verdorbenen, der Stagnation und der Gefahr bauen die Frauen erfolgreich ihre Zukunft.

Neun auf dem zweiten Platz:
Die Dinge zurechtrücken.
Sie wartet. Gelingen.

Allzu weiches Vorgehen, ohne Grenzen zu setzen, verdirbt, aber die Veränderung muß sich sachte vollziehen. Die Spirituelle Frau handelt mit Bedacht, um einen Wechsel herbeizuführen. Sie vermeidet es, die Schwestern aufzustören und zu verwirren. Wenn es Zeit ist, sich zu bewegen, weiß sie es und bewegt sich achtsam.

Neun auf dem dritten Platz:
Die Vergangenheit korrigieren.
Bedauern und Sehnsucht.

Die Spirituelle Frau ist zu hastig vorgegangen. Kleine Hindernisse haben sich an ihrem Mantel festgemacht und ziehen sie hinunter. Die Spirituelle Frau wird ungeduldig. Ihre Energie soll Veränderungen bewirken, die sehr notwendig sind. Wenn sie ihren Mantel schüttelt und die Hindernisse abwirft, macht sie nichts falsch.

Sechs auf dem vierten Platz:
Sie wendet sich ab.
Beharrlichkeit bringt Reue.

Die Zeiten erfordern eine Veränderung, aber die Frau wendet sich ab und weigert sich zu handeln. Damit ist der Mißerfolg sicher, und am Verdorbenen weiterzumachen, bringt Reue. In Zeiten, da gehandelt werden muß, zögert die Spirituelle Frau nicht und nimmt die Herausforderung an.

Sechs auf dem fünften Platz:
Sie handelt.
Gutes Gelingen!

Die Spirituelle Frau erkennt aus Erfahrung das Verdorbene und den Zerfall. Sie sieht die Notwendigkeit zum Handeln, ist aber nicht dazu fähig. Mit Hilfe der Schwestern kann die Energie gebündelt werden, der Verfall wird aufgehalten, und die Energie wird gewendet.

Oben eine Sechs:
Sie dient sich niemandem an
Und dient doch.

Nicht jede Frau will eine Mutter sein, nicht jede ist begabt, zu führen oder zu regieren, und jeder Weg, den eine für sich gewählt hat, ist zu loben. Einige Schwestern haben starke spirituelle Fähigkeiten und ziehen sich zurück, um zu lernen. Obwohl sie niemandem dienen, sind ihre Lernprozesse doch für die Gemeinschaft wichtig. Wenn sie sich auch nicht gegen das Verdorbene in der Welt einsetzen, heißt das doch nicht, daß sie es nicht wahrnehmen oder nicht wissen wollen. Manche Wege bekämpfen das Verdorbene auf subtile Weise. Indem sie sich aus der aktiven politischen Arbeit zurückzieht, schafft die Spirituelle Frau innere Räume, die den Schwestern zu ihren Kräften verhelfen. Auf diese Weise bekämpft sie das Verdorbene auch und trägt zur positiven Veränderung bei.

19. Lin - die Annäherung

— —
— — oben: Kun - die Erde, das Pentagramm, das Haftende
— —

— —
——— unten: Dui - das Heitere, der See
———

Das Zeichen Lin steht für die kommende Fülle, im Chinesischen heißt das Wort sowohl Großwerden als auch Annäherung (einer starken Kraft an eine schwächere). Lin steht im zwölften chinesischen Monat, Januar/Februar bei uns, im Hexenkalender ist Brigid das Fest, das in diese Zeit fällt, in der Hopi-Kosmologie sind es Pamuya und die Katchina-Tänze, die jetzt gefeiert werden. All diese verschiedenen religiösen Ausdrücke haben eine Verbindung. Es ist die Zeit nach dem Winter. Die Kälte löst sich langsam auf, der Frühling kommt. Die Tage werden länger, das Licht kehrt zurück, die Tiere sind trächtig. Die beiden Trigramme symbolisieren das Heitere, das Wasser, das auf die wartende Erde trifft.

In Frauengemeinschaften ist die Annäherung eine günstige Bewegung, um etwas in Gang zu bringen, eine neue Liebe vielleicht, ein kreatives Projekt. Lächelnd lehren die Mütter die Töchter, die Kraft der Frauen bricht von neuem hervor. Die Göttin erwacht aus dem Winterschlaf und bringt Neuigkeiten in die Welt. Jetzt ist der Zeitpunkt, anzufangen - kein Grund zu warten.

Das Zentrum

Zeit der wachsenden Kraft. Neuanfänge.

> Zeit der Annäherung
> Und der Neuanfänge.
> Fortgesetzte Anstrengungen,
> Bis sie sich wandelt.

Neuanfänge sind günstig, und der Triumph kommt mit Anstrengung und unbeirrtem Handeln. Die wachsende Kraft wird gut genutzt. Doch obwohl in den Kiwas die Bohnen grüne Triebe haben und die Kerzen wieder angezündet werden, geht das Jahr weiter, es werden auch wieder andere Zeiten kommen. Das Licht, das in der

Fülle kommt, wird sich wieder zurückziehen. Die Erhabene Frau denkt an die ständigen Veränderungen und hat sie im Auge. Im Frühling bewegt sie sich unbeirrt auf ihre Hoffnungen und Ziele zu.

Das Bild

Ein See trifft auf die Erde:
Annäherung und Beginn.
Zeit und grenzenlose
Möglichkeiten.

Die Göttin ist die Erde, die den See, das Heitere trifft. Der See ist Wasser, lebenspendende Substanz. Die Mutter teilt die Fülle mit den Töchtern. Heiterer Austausch in Harmonie und Ordnung. Die unfruchtbare Zeit ist vorbei, eine Zeit der Fülle nähert sich. Unbegrenzte Möglichkeiten - die Erhabene Frau tut, was sie will.

Die Bewegung

Am Anfang eine Neun:
Gemeinsame Annäherung beginnt.
Beharrlichkeit bringt Gelingen.

Große Kraft zeigt sich und wird aufgenommen. Die Erhabene Frau kommt zu ihren Schwestern. Neue Liebschaften und neue Geschäfte entwickeln sich. Die Erhabene Frau tut, was sie will, ohne Übertreibung und ohne anderen zu schaden. Wenn die Erhabene Frau entschlossen handelt, gewinnt sie.

Neun auf dem zweiten Platz:
Gemeinsame Annäherung.
Alles gelingt.

Vertrauensvoll handelt die Erhabene Frau, denn sie weiß, die Zeit ist reif. Gelingen. Die Zeit dreht sich mit dem Lebensrad, aber sie muß keine Rückschläge fürchten, noch zieht sich die Kraft nicht zurück. Schwestern verbünden sich, Liebende vereinigen sich, das Leben schenkt Fülle, wenn zwei sich zu einer Kraft verbinden.

Sechs auf dem dritten Platz:
Sie nimmt Annäherung
Selbstverständlich. Achtlosigkeit.

Die Erhabene Frau hat an Einfluß und Macht gewonnen. Sie hütet sich, all das selbstverständlich zu nehmen und maß- und grenzenlos zu werden. Die Schwestern warnen sie, wenn sie sich vergißt. Wenn sie die Warnung beachtet, gewinnt sie. Kein Makel.

Sechs auf dem vierten Platz:
Erfolgreiche Annäherung.
Kein Makel.

Sie öffnet sich der Schwester. Die Energie ist groß, und sie wird noch stärker. Sie werden eins und verstehen sich. In ehrlichen Anfängen und gegenseitiger Liebe ist kein Makel.

Sechs auf dem fünften Platz:
Eine Weise Frau
Nähert sich der Gemeinschaft.

Eine Weise Frau schlägt ihrer Gemeinschaft ein Projekt vor, und die Schwestern stimmen zu. Im gegenseitigen Teilen von Fähigkeiten und Wissen kann ein Projekt begonnen werden. Die Mutter, die Weise Alte, kommt zu den Schwestern und bittet sie um Unterstützung und Hilfe, und die Schwestern stimmen willig zu. Sie hört sich ihre Ideen an und setzt ihr Wissen zum Wohl der Gemeinschaft um. Die Weise Frau beginnt bei ihren eigenen Wurzeln, dann nähert sie sich den Schwestern an. Gelingen.

Oben eine Sechs:
Eine Weise Frau nähert sich.
Alles steht unter einem guten Stern.

Eine Weise Alte kehrt für eine Zeit in die Gemeinschaft zurück. Sie wird von allen willkommen geheißen. Sie bringt den Schwestern, die sie lehrt, heilt und anleitet, Segen. Sie wird mit Respekt behandelt. Durch ihre Annäherung wird die Gemeinschaft gestärkt.

20. Guan - die Betrachtung

———
——— oben: Sun - das Sanfte, der Wind
— —

— —
— — unten: Kun - die Erde, das Pentagramm, das Haftende
— —

Kun ist die Spirituelle Frau, die die Mysterien der Göttin und des Lebensrads zu ergründen versucht. Es ist später Herbst, der zehnte Monat im chinesischen Kalender, November/Dezember, eine Zeit des schwindenden Lichts, ein Absteigen in die Winterdunkelheit. Die Kraft der Erde zieht sich in die Tiefe zurück. Guan ist die Zeit der Weisen Alten, Demeter verweigert der Erde die Fruchtbarkeit, weil sie um ihre Tochter Persephone trauert. Samhain, die Nacht, da die Toten die Lebenden berühren, ist vorbei, und die Katchinas der Hopi gehen in die Unterwelt. Im Tod und im Ende des Jahres liegen die Samen des Neubeginns. Die Spirituelle Frau meditiert über den Zyklus der Zeit.

Das Zentrum

Sie vertieft sich in die Mysterien. Großes Heil.

> Geistige Vertiefung:
> Demeters Opfer.
> Vollkommenes Vertrauen.

November und Dezember sind Monate der wachsenden Dunkelheit. Die Erde verbeugt sich vor der erntenden Göttin, ihr Opfer gewährt neues Leben. Das alte Jahr stirbt nach der Ernte, die Felder sind kalt und still. Persephone zieht durch die Unterwelt, die Tore des Todes sind geöffnet. Dunkelheit regiert, bis Persephone zu Demeter und die Katchinas zu den Menschen zurückkehren. Dann beginnt das Leben von neuem.

Aus der Kontemplation der Mysterien zieht die Spirituelle Frau ihr Vertrauen. Sie kennt die Zyklen, aus Dunkelheit wird Licht, aus Licht Dunkelheit. Sie versucht nicht, gegen die Natur zu leben. Sie spiegelt den Kreislauf der Natur in ihrem Leben. Sie lebt in Frieden mit der Natur, offensichtlich ist sie im Gleichgewicht, die Schwestern folgen ihrem Beispiel.

Das Bild

> Wind streichelt die Erde.
> Kontemplation.
> Persephone entscheidet sich für Leben.

Der sanfte Wind streicht über die Erde, er bringt Veränderung und treibt alles vor sich her. Persephone lebt in der Unterwelt, Demeter trauert und ist zornig. Die Erde wandelt sich, alles stirbt. Eine Frau formt ein Gefäß aus Ton und läßt es vom Wind trocknen. Durch den sanften Wind wird das Gefäß hart, Erde wandelt sich in Keramik. In der Gemeinschaft der Frauen wandelt sich die Frau durch Kontemplation und setzt ein Beispiel für alle.

DIE BEWEGUNG

Am Anfang eine Sechs:
Kindliche Anschauung.
In einem Kind: kein Makel.

Eine Tochter betrachtet die Mysterien und versteht nichts. Trotzdem lebt sie in der Spirale, denn in der Tochter ist der Mangel an Tiefe und Verstehen kein Makel. Sie lernt, was sie kann, und wachsend versteht sie. Die Mütter schützen sie. Kein Makel.

Die Spirituelle Frau jedoch ist mit dem Wissen gewachsen. Sie versteht ihren Platz im Herzen des Rads und im Herzen der Gemeinschaft. So gibt sie der Tochter lebendiges Beispiel.

Sechs auf dem zweiten Platz:
Betrachtung von außen.
Fördernd ist Beharrlichkeit.

Die Vision einer Frau, die nur sich selbst sieht, ist eingeschränkt, sie versteht die anderen nicht mehr. Durch diese Entwicklung müssen viele Töchter gehen. Die Spirituelle Frau erweitert ihren Horizont, ehe sie andere beeinflußt. Der Fortschritt kommt langsam und dauerhaft. So wächst die Spirituelle Frau.

Sechs auf dem dritten Platz:
Lebendige Betrachtung.
Sie entscheidet sich.

Die Tochter wird zur Spirituellen Frau. Sie begreift die inneren Qualitäten ihres Lebens und stellt eine Verbindung zum Universum her. Sie versetzt sich in die Lage der Schwestern. Sie lernt, mitfühlend und hingebungsvoll zu sein. Sie vertieft sich in die Geheimnisse des Lebens und sucht mehr Wissen darüber. So verändert sich ihr Blickwinkel.

Indem sie höheren Beispielen folgt, wird die Tochter selbst zum Beispiel. Sie öffnet sich der Kontemplation und bleibt nicht im Dunklen.

Sechs auf dem vierten Platz:
Betrachtung matriarchaler Lebensformen.
Sie wächst und wird richtungweisend.

Die Spirituelle Frau, die ihren Platz in der Spirale des Lebens und der Gemeinschaft der Frauen kennt, weiß, daß das Universum durch die Erde widergespiegelt wird. Sie strahlt innere Stärke und Wandlungsfähigkeit aus. Ihr Einfluß ist groß, und sie lehrt die Jungen, die ihrem Beispiel folgen.

Neun auf dem fünften Platz:
Selbst-Betrachtung.
Kein Makel.

Die Spirituelle Frau ist sich ihrer selbst bewußt. Sie weiß, welchen Einfluß ihr Beispiel hat. Wenn ihre Handlungen richtig sind, profitieren alle davon. Indem sie ihren inneren Weg betrachtet und über ihren Platz innerhalb der Mysterien des Lebens und des Universums meditiert, wächst die Spirituelle Frau und fördert die Gemeinschaft der Frauen.

Oben eine Neun:
Unendliche Betrachtung.
Erhabenheit ohne Makel.

Eine Weise Frau betrachtet die Mysterien. Sie erkennt die Fehler und Makel und lernt, davon frei zu werden. Sie wird ihr Wissen teilen, aber sie wählt die Abgeschiedenheit. Sie handelt nicht nach ihren Gefühlen, sondern nach ihrem Wissen.

21. Schi Ho - das Durchbeißen

———
— — oben: Li - das Feuer, der Stab, das Haftende
———

— —
— — unten: Dschen - das Erregende, das Erwachen, Donner
———

Die beiden Trigramme bilden Blitz und Donner eines Gewitters. Schi Ho ist ein wichtiges Hexagramm, es enthält alle Elemente, der

Sturm reinigt die Erde und die Luft durch Feuer und Wasser. Ein Blitz fährt ein, Donner rollt über den Himmel, Regen folgt. Anspannung löst sich, und die Erde ist erfrischt und erneuert.

In der Gemeinschaft der Frauen wandelt sich der Konflikt in Übereinstimmuung, der Prozeß des Einig-Werdens wird durch das Gewitter symbolisiert. Die Luft wird gereinigt, Ärger und Wut kommen zur Sprache, und neues Bewußtsein entsteht. Den Schwestern wird ihre Verschiedenheit klar, sie lösen ihre Meinungsverschiedenheit, indem sie Frieden schließen.

DAS ZENTRUM

Den Konflikt benennen und durchbeißen. Friede kehrt zurück.

Benennen bringt Umkehr.
Lösung des Konflikts.
Übereinstimmung reinigt die Luft.

Wenn in Gemeinschaften von Frauen Konflikte auftauchen, kann Meditation und Betrachtung der Probleme Lösung bringen. Eine Frau, deren Energien blockiert sind, kann die ganze Gruppe blokkieren. Um ihre Energie wieder freizusetzen, arbeiten die Schwestern mit ihr. Sie zeigen ihr Zuneigung und helfen ihr, sich durch ihre Blockierung durchzubeißen. Wenn das nicht Abhilfe bringt, wird eine Weise Frau gerufen, die mit ihr die Schwierigkeiten durchgeht.

Dieser Prozeß geht ohne Verletzungen oder Strafe vor sich. Gewalt bringt keinen Frieden. Nur das Durchbeißen und Erkennen löst inneren Frieden aus und führt zur Einheit. Dieser Prozeß wird zur Stärke der Frauen.

DAS BILD

Ein Gewitter.
Durchbeißen und Erkennen.
Die Mütter lösen Meinungsverschiedenheiten.

Lösung ist besser als Strafe, weil sie zu innerer Stärke und Gelassenheit führt. Die Gemeinschaft der Frauen funktioniert auf der Basis der Einigkeit oder Einigung, und Probleme werden durch gemeinsame Bewußtseinsprozesse und Meditation erreicht.

Am Anfang eine Neun:
Ihre Schwestern
Sprechen zu ihr im Kreis.

Die Schwestern bilden einen Kreis und sagen ihr, was sie beunruhigt. Die Irrtümer der Frau werden aufgezeigt. Sie wird liebevoll und mit Achtung behandelt und nicht zensiert. Der Fehler kann im Bewußtsein der betroffenen Frau korrigiert werden. Keine wird beschuldigt. Das Problem ist erhellt. Kein Makel.

Sechs auf der zweiten Linie:
Keine Lösung.
Sie nimmt das Problem in die Hand.

Die Frau, die hier beschrieben ist, kann den Konflikt nicht mit ihren Schwestern lösen. Das Treffen, das angesetzt war, um ihr zu helfen, hat nichts gebracht. Die Frau ist störrisch, die Schwestern verlieren die Geduld - keine Einigung. Der Blitz bringt keine Klarheit, Donner wird hörbar. Ein tiefer Konflikt zwischen Frauen verletzt alle.

Sechs auf dem dritten Platz:
Eine Vermittlerin zeigt die Blockierung.
Die Frau beginnt zu erwachen.

Wenn eine oberflächliche Einigung keine Heilung bringt, wird eine Vermittlerin gebeten zu helfen. Die Blockierung wird aufgezeigt. Die Frau verteidigt sich, aber es wird heller. Bewußtheit bringt Veränderung, wenn auch der Prozeß schmerzhaft ist. In diesem Vorgehen ist kein Makel, dennoch ist das Ende ungewiß. Erneuerung erweckt nach dem Sturm.

Neun auf dem vierten Platz:
Mächtige Gefühle.
Beharrlichkeit bringt Einigung.

Der Prozeß des Sich-Öffnens ist schmerzhaft, mächtige Gefühle stehen im Weg. Nur wenn das Problem ohne Zögern angepackt wird, läßt es sich lösen. Die Schwestern suchen Einigung durch Betrachtung des Problems, sind sanft und bewußt, bleiben aber fest.

Sechs auf dem fünften Platz:
Sie ist sich der Gefahren bewußt
Und lernt etwas über den Mittelweg.

Auch wenn ein Konflikt noch so offensichtlich scheint, wird er doch nicht leicht gelöst. Eine Frau, die Konflikte hat, möchte keinen Mißklang in die Gemeinschaft bringen, so ist sie in einer schwierigen Situation. Die Freundinnen unterstützen sie, machen ihr aber auch klar, worum es geht. Sie bringen ihr den Mittelweg bei. Geduld und Beharrlichkeit bringen Gelingen.

Oben eine Neun:
Ungeklärter Konflikt.
Unglück.

Wenn es den Frauen nicht gelingt, trotz Meditation und Betrachtung und trotz solidarischer Diskussion, einen Konflikt zu lösen, bringt das Unglück in die Gemeinschaft. Die negative Einstellung einer Schwester betrifft alle. Es braucht große Anstrengungen, um wieder Einklang herzustellen.

22. Bi - die Anmut

———
— — oben: Gen - der Berg, das Stille Halten
— —

———
unten: Li - das Feuer, der Stab, das Haftende
———

Bi ist der Vulkan unter dem Berg. Ihre Glut steigt zum Gipfel und hüllt ihn in Glanz. Anmut ist das Feuer, das den Berg erleuchtet, Anmut macht Menschen und Dinge besonders. Sie schafft Einklang und Harmonie, verbindet Form und Funktion, Geist und Perfektion.

Eine Frau schafft mit ihren Händen neue Strukturen. Durch Planung, Arbeit, handwerkliche Fähigkeiten wird das Fundament gelegt, und die Wände entstehen. Die Struktur wird zu einem Heim, einem Ort von Sicherheit und Harmonie. Form und Funktion, Ästhetik, Fertigung und Nutzen - alle sind Aspekte der Anmut. Auch die Strukturen der Gemeinschaften sind so gewoben.

Das Zentrum
Vollkommenheit und Anmut. Seltenes Geschenk.

Anmut ist Vollkommenheit
Und Schönheit.
Ein seltenes Geschenk.

Anmut ist eine Gabe, die uns nicht zufällt. Sie trägt Sanftheit und verbindende Form in sich. In Anmut liegt Stärke, so wie im Berg Stärke liegt. Stärke ist in diesem Orakel eine wichtige Kraft. Das Feuer unter dem Berg, die Spiegelung der inneren Glut des Vulkans sind der sanfte Aspekt dieses Hexagramms. In der Schönheit liegt die Befreiung, in der Anmut entsteht stille Betrachtung. Anmut ist die Rundung einer Tonschale, die Macht eines Heilrituals, die Wärme eines auf dem Webstuhl gefertigten Stoffes. Ästhetik ist Tradition, von der Hand der Künstlerin interpretiert. Indem Frauen die Harmonie des Universums verstehen, schaffen sie diese Harmonie auf der Erde und formen das Leben aller Frauen mit. Die Erkenntnis einer Meditation ist Anmut, die Betrachtung von Schönheit, von Kunst, von harmonischen Formen beinhaltet Anmut, schafft innere Klarheit und äußere Stärke. Anmut liegt in Gedanken und in der künstlerischen Schöpfung, in den Idealen, die sich herausbilden. Durch Meditation über Vollkommenheit erreichen Frauen Anmut.

Das Bild

Feuer unter dem Berg.
Ein Bild der Anmut.
Schönheit liegt in allem,
Was von ihr berührt wird.

Sanfter Glanz berührt einen Berg und macht seine Stärke schön. Der Schimmer der Anmut weckt die Lebenskraft. Ihre Anwesenheit macht das tägliche Leben zur Besonderheit. Schönheit liegt in allem, was sie berührt, und alles spiegelt ihre Anmut wider.

Die Bewegung

Am Anfang eine Neun:
Sie schreitet in Schönheit
Und in Anmut.

Im Körper einer Frau liegt Anmut – in ihren Bewegungen, ihrer Form, der Linie ihres Körpers, ihrer Haut. Sie ist vollkommen, ein Abbild der Göttin und der Erde selbst.

Sechs auf dem zweiten Platz
Schönheit liegt in der Form
Und in der Funktion.

Die Schönheit eines irdenen Topfes oder eines gewebten Stoffes spiegelt die Schönheit des Universums wider. Das Äußere ist nicht nur durch unsere Eitelkeit bestimmt, unbewußt ist es das Abbild unserer inneren Gefühle. Alles, was die Erhabene Frau hingebungsvoll tut, spiegelt Anmut wider. Sie erhellt die Gemeinschaft mit ihrem Ausdruck.

Neun auf dem dritten Platz:
Teil der Anmut:
Sie gibt und nimmt.

Anmut ist für die Erhabene Frau eine Herausforderung. Alles geht gut, aber Wachsamkeit ist nötig. Sie hat Anteil an der Schönheit aller Dinge, und von dieser Schönheit gibt sie auch wieder ab. Beharrlichkeit bringt Gelingen.

Sechs auf dem vierten Platz:
Einfachheit und Anmut.
Lustvolle Wahl.

Einfachheit und Frieden fließen von innen heraus. Die Erhabene Frau findet Schönheit in ihrer Liebe und in allem, was sie tut. Sie verbindet sich in Anmut. Einfachheit überspringt Zeit und Raum und tut wohl. Auswählen und finden ist lustvoll, wenn zwei Frauen sich lieben.

Sechs auf dem fünften Platz:
Anmut in der Erde.
Sie sucht das Land.

Eine Frau zieht sich zum schlichten Leben auf ihre Substanz zurück. Sie sucht das Land, elementare Einfachheit und die Anmut der Göttin und findet sie, wohin sie geht, in allem, was sie sieht. Die Erhabene Frau findet einen Ort oder eine Frau, die sie lieben kann. Sie öffnet sich. Ihre Aufrichtigkeit bringt Gelingen und liebevollen Austausch mit der Schönheit der Erde.

Oben eine Neun:
Vollkommene Anmut
Ist Einfachheit.

In der reinen Substanz ohne Schmuck und Beiwerk liegt Anmut.

Die Erhabene Frau erkennt Anmut in ihren Freundinnen, in der Erde, in dem Kreis von Frauen, in der Göttin - und sie sucht Anmut in ihrer Kunst und ihrem Leben.

23. Bo - die Zersplitterung

———
— — oben: Gen - der Berg, das Stille Halten
— —

— —
— — unten: Kun - die Erde, das Pentagramm, das Empfangende
— —

Die beiden Trigramme zeigen einen Berg, der durch Risse in der Erde geschwächt ist: Sogar die Stärke eines Bergs verschwindet durch zu großen Druck. Die Linien stellen einen Turm dar, dessen Dach (die oberste Linie) einstürzt. Im traditionellen I Ging bedeuten die fünf weichen Linien den Triumph der geduldigen Erde über die harte, unbeugsame Haltung des Bergs. Bo bringt große Veränderungen, eine Zersplitterung.

Das Hexagramm zeigt den neunten Monat im chinesischen Kalender, bei uns Oktober/November, das Zeichen Skorpion und Samhain im keltischen Festkalender. Im Jahreskreis der Hopi-Nation fällt in diese Zeit Wuwuchim, das neue Jahr, in dem alle Schöpfung neu beginnt. All diese Feste symbolisieren den Tod und die Wiedergeburt der Zeit. Wie die Turmkarte im Tarot beschreibt dieses Hexagramm die Notwendigkeit der Auflösung für einen Neubeginn. Fördernd, sich in die Zeit zu fügen, nicht dagegen zu arbeiten.

Das Zentrum

Ende und Neubeginn. Eine Zeit zu warten.

> Die Zersplitterung.
> Warten.
> Keine Bewegung, die förderlich ist.

Aus dem Ende wächst der Neubeginn. Veränderungen liegen auf der Hand: Die Erhabene Frau wartet und gibt sich hin.

Die Trigramme fordern, das Richtige zu tun: Die Erde liegt unter der Stille des Berges. Die Erhabene Frau ordnet sich der Veränderung unter, sie akzeptiert, daß etwas zu Ende geht, und wartet auf den Beginn eines neuen Zyklus. Alles dreht sich spiralig im Rad des Lebens. Handeln bringt jetzt kein Gelingen.

Das Bild

Ein Berg über der Erde:
Die Zersplitterung.
Das Ende beginnt
Von neuem im Zentrum des Lebensrads.

Wenn ein Berg oder ein Turm fest stehen, ist keine Gefahr. Sind die Fundamente aber nicht stark, sondern beweglich, ist ein Zusammenbruch, eine Zersplitterung des Festen unvermeidlich. In der Gemeinschaft zwischen Frauen werden alle von der Erde, den einzelnen Frauen gehalten, die die Gemeinschaft, den Berg, halten. So wie die Erde großzügig alle hält, ist auch hier für die Menschen Großzügigkeit angesagt. Denn wenn eine Veränderung abgeschlossen ist, wird der Berg wieder fest und stark und steht auf zuverlässigem Grund.

Die Bewegung

Am Anfang eine Sechs:
Konflikte untergraben die Festigkeit.
Die Erhabene Frau wartet.

Konflikte zwischen Frauen bewirken eine Zersplitterung der Gemeinschaft, wenn sie nicht gelöst werden, und bringen Unglück. Dieser Umstand enthält Gefahr, aber nichts ist zu so einer Zeit fördernd. Die Erhabene Frau wartet ab.

Sechs auf dem zweiten Platz:
Der Konflikt dauert an.
Sie wartet.

Die Macht des Konflikts und der Gefahr wächst. Schwierigkeiten häufen sich, Lösung ist nicht in Sicht, keine Hilfe, keine Heilung naht. Lebenswichtig ist jetzt extreme Feinfühligkeit. Die Erhabene Frau wartet auf ihre Gelegenheit in der Zeit der Zersplitterung. Sie erleichtert sich die Bürde, indem sie sich zeitweise zurückzieht.

Sechs auf dem dritten Platz:
Unfreiwilliges Zersplittern.
Kein Makel.

Die Erhabene Frau wird in einen Konflikt mit Menschen hineingezogen, mit denen sie in Verbindung steht. Sie kann sich nicht dagegen entscheiden oder heraushalten. Sie sucht die Hilfe einer höherstehenden Frau, die ihr Wissen mit ihr teilt. Dadurch wird es ihr möglich, sich aus der Auseinandersetzung zurückzuziehen. Sie tritt ihren Schwestern mit ihrer Meinung entgegen, aber Widerstand auf diese Weise bringt keinen Makel. Sie widersteht der Zersplitterung.

Sechs auf dem vierten Platz:
Zersplitterung.
Unheil.

Eine große Krise schüttelt die Gemeinschaft und die einzelnen Frauen. Das Unheil geht unter die Haut. Sie hat lange gewartet, kann aber noch nicht handeln und ist in einem Zustand von Schock und Trauma. Die Zersplitterung geht von der Bergspitze bis tief in die Erde.

Sechs auf dem fünften Platz:
Das Rad dreht sich weiter.
Die Zeit des Wartens ist erfüllt.

Das Gesetz der Dunkelheit, der Erde, ist erfüllt und wandelt sich. Die Veränderung vollzieht sich, der Konflikt löst sich auf. Die Zersplitterung gibt Raum für Einklang, gemeinsame Betrachtung und schließlich für eine Lösung. Das Rad dreht sich, aus dem Ende entwickelt sich ein Neubeginn, aus dem Streit wird Friede. Das Unreife ordnet sich dem Reifen unter - gutes Gelingen.

Oben eine Neun:
Die Zersplitterung ist beendet.
Neue Ufer werden sichtbar.

Wenn das Unheil lange genug gewütet hat, muß die Veränderung kommen. Alles wendet sich zum Guten - ein Neuanfang. Die Weise Frau genießt wieder das Ansehen ihrer Schwestern, und die Gemeinschaft ist stärker als zuvor. Die Zerstörung zerstört auch sich selbst, die neuen, wachsenden Kräfte sind nicht aufzuhalten.

24. Fu - Das Rad des Lebens (die Wiederkehr)

— —
— — oben: Kun - die Erde, das Pentagramm, das Empfangende
— —

— —
— — unten: Dschen - das Erregende, das Erwachen, der Donner
———

Die Bewegung der Wiederkehr wird dadurch ausgedrückt, daß alle weichen Linien die starken Linien nach oben verdrängt haben und jetzt von unten wieder eine starke Linie nachkommt. Das Hexagramm beschreibt den elften chinesischen Monat, Dezember/Januar und die Wintersonnenwende. Die längste Nacht, die Yul-Nacht, fällt in diese Zeit so wie Soyal im Hopi-Kalender und die Steinbockzeit der Astrologie.

Es ist eine Zeit der Ruhe und Dunkelheit, in der die Bewegung zum Licht hin schon sichtbar wird. Die dunkle Zeit ist auf ihrem Höhepunkt, es ist der Augenblick vor der Geburt. Im Tarot entspricht diesem Hexagramm das Rad des Lebens. In der Kiva der Hopi-Nation ist jetzt Stille, Fastenzeit und Meditation. Künstliches Handeln ist nicht nötig: Das Rad dreht sich, die Wiederkehr liegt in der natürlichen Ordnung unausweichlich begründet.

Das Zentrum
Sie beginnt von neuem. Strahlende Wende.

Das Rad des Lebens.
Wachstum und Veränderung.
Strahlende Wende.

Yule ist die längste Nacht des Jahres, die Wintersonnenwende. Danach kehrt das Licht langsam wieder zurück. Durch einen langsamen friedlichen Prozeß wird das Alte zum Neuen. Dieses Hexagramm taucht auf, wenn wir zu unseren alten Wegen zurückkehren, so wie die Natur aus der dunklen Zeit in die Helle und aus der hellen Zeit in die Dunkelheit zurückkehrt. Das Glück ist in Reichweite.

Das Bild

Erwachen unter der Erde:
Das Leben kehrt zurück.
Ein Augenblick des Innehaltens.

Die Wintersonnenwende ist in vielen Kulturen, wie in China, bei den nordamerikanischen Ureinwohnern oder bei den Hexenkreisen Europas, eine Zeit des bewegungslosen Wartens, Atemholens, des Innehaltens. Alle Möglichkeiten werden in dieser Zeit neu geboren. Die Erde wartet auf das Erwachen der neuen Lebenskraft, aber ihre Energie ist immer noch tief im Inneren, in der Unterwelt. Langsam beginnt das Leben, Spuren davon sind noch nicht fühlbar oder sichtbar. Alle Formen der Wiederkehr werden in diesem Hexagramm beschrieben: die Rückkehr zum Frieden nach einem Streit, zur Liebe nach einer Zeit der Einsamkeit, zur Ganzheit nach der Zersplitterung. Für den Neuanfang gibt es genug Nahrung und Schutz, so daß sich alles stark entfalten kann.

Die Bewegung

Am Anfang eine Neun:
Kleine Abweichung.
Kleine Veränderung.
Eine Frau weicht von den Grundsätzen der Gemeinschaft ab, sieht aber ihren Fehler ein, korrigiert ihn und kehrt so zurück. In ihrem inneren Wachstum bewegt sie sich ein wenig mehr in Richtung Gleichgewicht und inneren Frieden.

Sechs auf dem zweiten Platz:
Sie entscheidet sich zur Rückkehr.
Kein Makel.
Für jede Rückkehr sind Entschiedenheit und Willenskraft nötig. Die Erhabene Frau geht in persönlichen Dingen eigene Wege, kehrt aber in den Belangen der Gemeinschaft zu den anderen zurück und stärkt die gemeinsame Kraft.

Sechs auf dem dritten Platz:
Sie kehrt zurück und bittet um Rat.
Und wird geschützt.
Eine Tochter sucht ihren Platz im Lebensrad. Sie wählt ihn und

ändert ihre Meinung. Das Leben wandelt sich schneller, als sie einzuschätzen vermag. Sie kehrt zu den Müttern wieder und wieder zurück, um zu fragen. In ihrer Unerfahrenheit wird sie von ihnen genährt und geschützt. Sie geben ihr die Möglichkeit zu lernen.

Sechs auf dem vierten Platz:
Gemeinsam
Kehren sie zurück.

Die Erhabene Frau begegnet einer Freundin. Zusammen machen sie sich auf die Reise und kehren freudig in die Gemeinschaft zurück. Die gute Energie nährt ihre Liebe und die Bindung zur Gemeinschaft.

Sechs auf dem fünften Platz:
Rückkehr zur rechten Zeit.
Beharrlichkeit bringt Gelingen.

Die Erhabene Frau kehrt zurück, um sich über sich selbst bewußt zu werden. Sie versucht ihre Handlungen zu analysieren, Klarheit über ihre Vergangenheit zu gewinnen. Sie akzeptiert ihre Stärke und Schwäche gleichermaßen und steuert bewußt in die Zukunft. Hier bringen Rückkehr und Reue Gelingen.

Oben eine Sechs:
Aus dem Rad fallen.
Unheil und späte Rückkehr.

Die Frau wählt den falschen Weg, und es ist zu spät, umzukehren. Sie macht sich ihren Irrtum klar und sucht den richtigen Weg zurück in den Zyklus der Natur und des Lebens. Indem sie sich wieder mit allen Wesen und den Frauen verbindet, gewinnt sie Achtung und Wohlbefinden.

25. Wu Wang - die Unschuld (das Wunder)

———
——— oben: Kien - die Luft, das Schöpferische, Labrys, Himmel
———

— —
— — unten: Dschen - das Erregende, das Erwachen, der Donner
———

Das Hexagramm zeigt das natürliche Gleichgewicht auf der Erde und in geerdeten, verbundenen Frauen. Erwachen liegt unter dem Trigramm des schöpferischen Universums. Die Bewegung unter der Doppelaxt ist das Rad des Lebens, Harmonie und ursprüngliche Unschuld. Das Natürliche ist oft voller Wunder und Überraschung, und Wunder sind Aspekte dieses Hexagramms.

Eine Frau pflanzt einen Samen, und aus dem aufkeimenden Pflänzchen wächst eine starke Weinranke, auf der süße Blüten die Bienen anlocken. Die Bienen machen Honig, und aus der Blüte werden Trauben. Honig und Früchte nähren nun die Frau, die den Samen in die Erde gelegt hat.

In den Früchten befinden sich wieder Samen, die von neuem gepflanzt werden können, so dreht sich die zyklische Spirale in der Natur, das Wunder des Lebens.

DAS ZENTRUM
Wunder überall. Friede.

> Unschuld.
> In der Lebenskraft
> Wirken Wunder und Gleichgewicht zusammen.

Eine Frau ist Teil der Göttin, die Teil der Erde ist. Die Verbindung mit den Kräften der Natur, Gelassenheit und helles Sehen bringen die Erhabene Frau in Kontakt mit ihren Kräften. Sie gewinnt innere Sicherheit und Macht. Nicht alles Ursprüngliche und Natürliche jedoch kann hell sein, die Göttin hat auch dunkle Aspekte. Die Erhabene Frau kennt ihre spirituelle Kraft, klammert sich nicht an die Vergangenheit und bleibt geerdet in ihrer Helligkeit und auch in ihrer Dunkelheit. Sie hat teil an dem Wunder und der Macht der Erde und der Sterne.

DAS BILD

> Das erwachende Universum:
> Unschuld, Wunder
> Und innewohnende Kraft.

Der Donner weckt im Frühling neue Lebenskräfte, die Schöpfung des Universums beginnt von neuem, die kindliche Unschuld aller Wesen wird erneuert. Alles, was wächst, spiegelt die Göttin und die

Erde in ursprünglicher Unschuld. Eine matriarchale Frau spiegelt die Erde wider, und alles um sie herum beginnt zu wachsen und zu sprießen. Die Erhabene Frau lernt Wunder zu sehen. Sie nährt und schützt alles Leben.

DIE BEWEGUNG

Am Anfang eine Neun:
Die Unschuld der Tochter.
Sanftes Erwachen.

Die Tochter folgt ihren Eingebungen, ihre Welt ist voller Wunder, alles ist neu und unverdorben wie sie selbst. Sie läßt sich von allem überraschen, lernt überall dazu. Die Mütter schützen eine Tochter und lehren sie, nach außen zu gehen und gelassen zu bleiben.

Sechs auf dem zweiten Platz:
Alles geschieht zu seiner Zeit.
Natürlicher Fluß.

Die Erhabene Frau erwartet nicht die Frucht vor der Blüte. Sie nimmt in jeder Zeit die jeweilige Fülle an. Sie lebt im Augenblick, und alles, was sie tut, tut sie bewußt und konzentriert.

Sechs auf dem dritten Platz:
Unverschuldetes Unglück.
Sie wandelt sich.

Die Zeit vergeht, und alles wandelt sich. Unglücke geschehen ohne Schuld, im natürlichen Zyklus der Natur. Die Erhabene Frau ist sich der Ereignisse der Jahreszeiten bewußt und paßt sich dem Fluß an.

Neun auf dem vierten Platz:
Beharrlichkeit.
Gutes Gelingen.

Die Erhabene Frau weiß, daß inneres Wachstum nicht verlorengeht und nicht weggenommen werden kann. Sie ist geerdet und im Frieden mit sich. Sie vertraut auf ihre Kraft und sucht spirituelles Wachstum. Durch ihre Hingabe an die Göttin und das Netz der Frauenkraft gewinnt sie. Alles gelingt.

Neun auf dem fünften Platz:
Selbstheilung.
Wunder offenbaren sich.

Eine Krankheit, die aus dem Verlust des Gleichgewichts entsteht, wird durch Wiederherstellung des Gleichgewichts geheilt. Die Erhabene Frau sucht Bewußtsein über sich selbst und ihren Körper. Indem sie sich heilt, heilt sie die Erde. Gestärkt wird sie wieder heil und lebendig, Unschuld und Wunder offenbaren sich in ihrem Universum.

Oben eine Neun:
Auch Unschuld bringt Unheil.
Sie wartet.

Die Erhabene Frau lernt zu warten. Wenn sie impulsiv handelt oder die Dinge vereinfacht, nimmt sie Schaden. Sie handelt überlegt, akzeptiert aber das Unerwartete. Die Erhabene Frau gewinnt, indem sie ihre Zeit abwartet.

26. Da Tschu - die Weise Frau (des Großen Zähmungskraft)

———
— — oben: Gen - das Stille Halten, der Berg
— —

———
——— unten: Kien - das Schöpferische, Luft, Himmel, Labrys
———

Dieses Hexagramm beschreibt die Kraft der Weisen Frau in der Göttinnentradition von Demeter, Hekate, Kali, Hel, Cerridwen und die Weise Alte/Eremitkarte im Tarot. Das Zeichen zeigt das Schöpferische, die Doppelaxt, die durch das Stille Halten gezähmt wird, die Gedankenkraft wird konzentriert. Drei Aspekte des Kraft-Haltens werden beschrieben: Zurückhaltung, Vereinigung und Liebe.

Die Hände der Weisen Frau holen die Töchter und lindern Schmerzen. Ihre Fähigkeiten der Kräuterheilkunde, des Ratgebens und zärtlicher Zuwendung machen sie zu einem Grundpfeiler weiblicher Gemeinschaften, des Netzwerks von Frauen. Sie überträgt ihr Wissen aus der Vergangenheit auf das Heute. Sie ist der Großmutteraspekt der Göttin. Aus ihrem Stickzeug arbeitet sie strahlende Schönheit und Wärme, sie kann jedes Alter haben. In ihrem Aspekt als Weise Alte symbolisiert sie auch die Annäherung des Todes, und sie sieht ihn nicht als Schrecken, sondern als Ruhepunkt, als Weisheit und Wiedergeburt, als letztes Geheimnis. Wenn sich die Weise Alte aus den Tagesgeschehnissen zurückzieht und inneres Lernen äußeren Aktionen vorzieht, überläßt sie die Leitung der Gemeinschaft den Töchtern, die sie als Geburtshelferin und Lehrerin begleitet hat.

Wenn sie im Entscheidungsprozeß eingebunden bleiben will, wird sie von den anderen Frauen respektiert und anerkannt. Wie auch immer sie ihr Wissen anwendet - alle ziehen einen Gewinn daraus.

DAS ZENTRUM
Die Weise Frau. Sie ist stark und geerdet.

> Die Weise Frau
> Ist geerdet.
> Und wird gestärkt.

Die Weise Frau zieht Kraft und Klarheit aus dem Universum und aus der Erde. Kien ist die schöpferische Kraft, und Gen festigt diese Kraft und gibt dem Schöpferischen Klarheit und Integrität. Die Weise Frau lebt im Einklang mit der Erde, so sammelt sie Kraft. Diese Ansammlung von Kraft kann sie zur rechten Zeit abrufen. So ist die Weise Frau im Gleichgewicht mit dem Kosmos und kann durch ihre bodenständige Kraft andere stärken.

DAS BILD

> Das Schöpferische unter dem Berg:
> Verbindung mit der Erde.
> Die Weise Frau wird stark.

Eine Labrys unter der Erde symbolisiert große, verborgene Kraft. In der Weisheit der Frauengeschichte versuchen Frauen das Geheimnis dieser Lebenskraft zu finden. Die Suchende lernt nicht nur aus der Geschichte, sondern auch von ihren Schwestern und Müttern, der Erde und dem eigenen gespeicherten Wissen. Sie wächst und wird zur Weisen Frau.

Am Anfang eine Neun:
Herausforderung.
Sie ist geerdet.

Eine Frau will handeln, doch ihre Gruppe oder Gemeinschaft fordert sie zum Warten auf. Sie entscheidet sich zur Zurückhaltung, erdet sich und wendet die drohende Gefahr ab. Die Weise Frau findet Möglichkeiten, ihre Anteilnahme zu zeigen.

Neun auf dem zweiten Platz:
Konflikt.
Sie wartet.

Die Hindernisse sind überwältigend. Die Frau wird von allen Seiten behindert und blockiert und kann nichts tun. Sie beschließt, ihre Kraft zu konzentrieren und auf ihren Zeitpunkt zu warten. Ihr Wissen ist bereit für den Augenblick, in dem es gebraucht wird. Am Ende triumphiert sie.

Neun auf dem dritten Platz:
Die Einheit
Des Bewußtseins.

Bewußtsein und Wachsamkeit öffnen neue Wege. Die Frau folgt und macht in ihrem Bemühen um Einheit und Gleichgewicht Fortschritte. Sie ist sich der Gefahr des Konflikts bewußt. Die Weise Frau geht, wohin sie gehen muß, und lernt, sich zu schützen, während sie sich auf den Weg macht. Sie bleibt ihren eigenen Werten treu und erlangt inneren Frieden.

Sechs auf dem vierten Platz:
Harmonie und Gleichgewicht.
Sie ist stark.

Einheit und Harmonie in einer Frau und in der Gemeinschaft stärken alle. Sie setzt ihre Kraft ein, um Verletzungen vorzubeugen, und ihr Eingreifen ist zurückhaltend und dosiert. So gewinnt sie Respekt und erreicht, was sie will.

Sechs auf dem fünften Platz:
Sie liebt
Ihre Schwestern.

Die Weise Frau hilft ihren Schwestern mit ihren Fähigkeiten und setzt ihre Kraft gut ein. Sie hilft mit, ausbrechende Probleme rechtzeitig zu erkennen und zu lösen. Sie nutzt ihre Macht, aber sie lädt sich nicht mehr auf, als sie verarbeiten kann. Sie gibt den Segen, den sie erfährt, an andere weiter.

Oben eine Neun:
Sie gewinnt das Universum
Durch Liebe.

Alle Konflikte sind gelöst, und Weisheit kann sich ausbreiten. Die Schwestern erkennen ihre Kraft und bitten sie um Hilfe. Die Weise Frau gestaltet die Welt in Liebe.

27. I - die Nahrung

———
— — oben: Gen - das Stille Halten, der Berg
— —

— —
— — unten: Dschen - das Erregende, der Donner, das Erwachen
———

Das Zeichen zeigt eine Öffnung, so steht es für die Ernährung des Körpers, des Geistes und der spirituellen Kraft. Die unteren drei Linien beschreiben die körperliche Nahrung, die oberen Linien symbolisieren die geistige Nahrung und das geistige Nähren anderer Menschen.

Eine Frau nährt ihre kleine Tochter an der Brust. Sie versorgt sie mit lebenswichtiger Nahrung, doch mehr als nur Milch gibt sie ihr auch Wärme, Sicherheit, Schutz und Liebe. Ihre Zuwendung erfüllt die Bedürfnisse, die über Nahrung hinausgehen, und die Tochter kann geistig und spirituell stark werden.

Das Zentrum
Erfüllung in der richtigen Weise. Segen.

Wie sie sich kümmert
Und worum,
Zeigt, wer sie ist.

Im Netzwerk der Frauen kümmern sich Frauen, und es wird für sie gesorgt. Jede erhält, was sie braucht. Frauen sind Teil der Göttin, die alles Lebendige nährt. Die erfahrene Frau hilft der Unerfahrenen, die starke Frau hilft der schwachen. So wird für jede gesorgt. Weder wird die starke Frau der schwachen geopfert noch umgekehrt. Eine Frau arbeitet an ihrer spirituellen Energie, um weise zu werden, eine Erhabene Frau, doch Stärke und Schwäche, sowohl körperlich als auch spirituell, haben ihren Platz im Lebensrad und werden nicht geringgeschätzt.

DAS BILD

> Die Stille erwecken.
> Für Nahrung sorgen.
> Die Erhabene Frau
> Kümmert sich und ist bescheiden.

Im beginnenden Frühling ist alles Leben erstarrt und wartet in der Stille darauf, nach außen zu gehen. Zu Lichtmeß oder Brigid, am 2. Februar, erwacht die Göttin in der Erde. Ruhige Bewegung kennzeichnet diese Zeit, mächtige Nahrung hilft, die Erde zu erneuern, und alles steht kurz vor dem Sprießen und Hervorbrechen.

Die Erhabene Frau orientiert sich an diesem Bild. Ihre Sprache bewegt sich aus ihr heraus zu den anderen, ihre Nahrung bewegt sich von außen in ihr Inneres. Alle haben einen Nutzen davon, daß sie gut geerdet ist. Sie weiß, wann genug gesprochen ist, und achtet darauf, daß Worte niemanden verletzen. Maßvolles Essen hilft ihr, sich selbst nicht zu schaden. Die Erhabene Frau nimmt Anteil und wird bestätigt. Wer bescheiden bleibt und zurückhaltend mit der eigenen Macht umgeht, hat großen Einfluß.

DIE BEWEGUNG

> *Am Anfang eine Neun:*
> Ihr Blick Ist getrübt.
> Neid bringt Unheil.

Wenn die Frau ihr Maß verliert, kann sie nicht mehr zufrieden sein, obwohl sie alles hat, was sie braucht. Das Bild der Zauberschildkröte, die sich aus sich heraus nährt, zeigt, daß es ihr an nichts mangelt. Doch sie belauert die Schwestern neidisch, läßt die Zauberschildkröte zurück und sät Zwietracht und Streit. Unheil!

Sechs auf dem zweiten Platz:
Sie bekommt
Nahrung von den anderen.
Sie findet Zuwendung.

Die Erhabene Frau setzt all ihre Fähigkeiten ein, um sich selbst durchzubringen. Schafft sie es jedoch einmal nicht, kommt ihr Hilfe von den Schwestern zu. Wenn sie diese Hilfe jedoch ausnützt, bringt ihr das Unheil. Wenn sie sich entscheidet, auf die eigene Kraft zu verzichten, verliert sie ihren Selbstrespekt, und die Hilfe der anderen wird ihr sauer.

Sechs auf dem dritten Platz:
Die richtige Nahrung
Verweigern.
Großes Unheil!

Eine Frau, die kein Maß hat, ist nie zufrieden mit dem, was sie hat. Sie jagt Befriedigungen nach und ist doch nie satt, sie ist voll, aber nicht genährt. Oberflächliches Herumtaumeln auf der Suche nach Befriedigung bringt großes Unheil.

Sechs auf dem vierten Platz:
Sie sucht Nahrung
Für ihre Gemeinschaft.
Kein Makel.

Diese Linie bezieht sich auf eine Frau, die ihre Fähigkeiten gut entwickelt hat und Einfluß gewinnt. Allein kann sie nichts erreichen, so sucht sie die Hilfe der Schwestern, nicht aus Selbstsucht, sondern weil sie zum Wohl aller arbeitet. Ihre Suche nach Hilfe und Wissen strahlt weit, und die Erhabene Frau macht sich auf die Suche nach Frieden.

Sechs auf dem fünften Platz:
Sie sucht Hilfe
Bei einer Mutter.
Nahrung.

Eine Erhabene Frau, die gern ihr Teil dazu beitragen will, daß sich alle geistig ernähren können, spürt, daß ihre Kraft nicht reicht. Sie bittet eine Mutter um Hilfe, die sich im Hintergrund gehalten hat. Sie bleibt demütig und ist sich immer der Hilfe im Hintergrund bewußt. So kann sie Gutes bewirken und brüstet sich nicht heldenhafter Taten.

Ein Ziel erreichen zu wollen, für das die eigene Kraft nicht ausreicht, bringt Unheil, wenn eine nicht Hilfe sucht.

Oben eine Neun:
Die Göttin
Nährt alle.
Gutes Gelingen und Segen.

Die Erhabene Frau erkennt die Essenz der Göttin in allem, so erfährt sie Fülle und kann schwierigste Aufgaben lösen. Durch ihre Anteilnahme tut sie den Schwestern, Töchtern, Geliebten und der Gemeinschaft der Frauen allgemein Gutes. Glück für alle!

28. Da Go - Interessante Zeiten

— —
——— oben: Dui - das Heitere, der See
———

———
——— unten: Sun - das Sanfte, der Wind, das Holz
— —

Der Titel „Interessante Zeiten" ersetzt den ursprünglichen I-Ging-Titel „Des Großen Übergewicht" und leitet sich von dem sar-kastischen chinesischen Sprichwort ab: Mögest du in interessanten Zeiten leben. Das Hexagramm besteht aus vier festen Linien in der Mitte, die von zwei weichen Linien oben und unten eingerahmt sind: das Bild eines undichten Daches, Festigkeit in der Mitte, die aber nicht von Stärke zusammengehalten wird. Hier droht ein Bruch oder Einsturz, wenn nichts dagegen unternommen wird. Eine interessante Zeit in matriarchalen Gemeinschaften wird durch diesen Zustand der Unsicherheit beschrieben.

Yin und Yang sind in ihrer frühen Beschreibung nicht etwa feindliche Kräfte, die sich bekämpfen, sondern Polaritäten, die sich ergänzen, wie Licht und Dunkel, aufwärts und abwärts, aktiv und ruhend, fest und beweglich, Winter und Sommer usw. Es gibt Zeiten, da gilt es etwas niederzureißen, und andere, in denen aufgebaut werden muß.

Yin- und Yang-Kräfte finden sich in jeder Frau und im Lebensrad einer jeden Person. Dieses Hexagramm regt an, die Yin- und Yang-Kräfte ins Gleichgewicht zu bringen.

DAS ZENTRUM

Sie weiß, wann sie aufhören muß. Weise Urteilskraft.

Interessante Zeiten.
Die Weise Frau
Erzwingt nichts und zieht sich zurück.

Das Gleichgewicht zwischen den Frauen ist gestört, gefährliche Strömungen bedrohen die Gemeinschaft. Die Situation erfordert richtiges Handeln und integre Entscheidungen. Die Kraft ist zurückgezogen, aber sie darf nicht in Rachegefühle umschlagen.

Ungleichheit und Mißklang werden zwischen Frauen durch ruhige Bewußtheit und gegenseitige Zuneigung gelöst. Offenheit und die Bereitschaft zur Einigung können die Differenzen überbrücken, so daß das Gleichgewicht wiederhergestellt wird. Die Zeiten sind ernst, aber nicht hoffnungslos.

DAS BILD

Wasser über dem Holz:
Interessante Zeiten.
Die Erhabene Frau
Zieht sich unbesiegt zurück.

In interessanten Zeiten überwiegen Zwang und Gewalt, eine gewaltige Flut zerstört alles und gerät außer Kontrolle. Das Trigramm Sun, das Sanfte, ist der Lebensbaum, der unter Wasser steht, das Trigramm Dui steht für das Heitere. So hält die Erhabene Frau aus, ohne zu verzweifeln. Sie beschließt, sich zurückzuziehen.

DIE BEWEGUNG

Am Anfang eine Sechs:
Sie handelt diskret.
Weisheit.

In interessanten Zeiten erfordert jede Handlung Diskretion und gute Grundsatzarbeit. Die Erhabene Frau bewegt sich langsam, baut sachte und sichert sich ab. So geschieht ihr kein Leid.

Neun auf dem zweiten Platz:
Unerwartete Situationen.
Glückliches Ende.

Diese Linie symbolisiert das Holz neben dem Wasser, den toten Baum, der neues Leben aus seinem Stamm nährt. Was verloren geglaubt wurde, ist in Wirklichkeit sehr lebendig. In interessanten Zeiten bleibt die Erhabene Frau mit allem in Verbindung und geerdet. So kann sie schließlich wieder zurückkehren.

Neun auf dem dritten Platz:
Zu viel Druck.
Sie bricht.

Diese Frau weigert sich, in interessanten Zeiten zu warten. Da sie auf Biegen und Brechen handeln will, bricht sie das schwache Dach. Die Erhabene Frau weiß, wann sie einhalten muß. Dadurch unterstützt sie ihre Sache, anstatt sie durch Druck zu brechen.

Neun auf dem vierten Platz:
Verstärkung.
Wohltuend für alle.

Durch den Prozeß der Einigung stärken die Frauen der Gemeinschaft ihre Ziele, der drohende Bruch kann abgewendet werden. Die Erhabene Frau benutzt all ihr Wissen, sie gibt all ihre Unterstützung, und alle profitieren.

Neun auf dem fünften Platz:
Ein alter Baum blüht.
Keine Wiedergeburt.

Wenn ein Baum außerhalb der Saison blüht, greift das seine Kräfte an. Er kann keine Früchte bilden, doch die Blüten kosten ihn die Lebenskraft. Hier ist kein Neuanfang, kein Gewinn zu holen. Die Wirkung der Blüten verflüchtigt sich schnell. So wird hier nur eine äußere Wirkung erzielt. In interessanten Zeiten sucht die Weise Frau die Verbindung zu ihren Wurzeln und Erfolgen. Wenn sie nicht innere Sicherheit gewinnt, ist ihre Erneuerung eine äußere Erscheinung, die kein Gelingen bringt.

Oben eine Sechs:
Sie schwimmt
In gefährlicher Tiefe.
Gefahr.

Hier erreichen die interessanten Zeiten Krise und Gefahr. Die Erhabene Frau versucht, die Lage durch Mut und Können zu retten, doch damit konfrontiert sie sich mit großen Gefahren. Heldenhafte Mittel können Erfolg bringen oder Scheitern. Eine Handlung, die versucht, die Harmonie der Gemeinschaft wiederherzustellen, birgt Gefahr, aber kein Unheil. Wie das chinesische Ende dieses Hexagramms sagt: Es gibt Wichtigeres als das Überleben.

29. Kan - die Tiefen

— —
——— oben: Kan - das Wasser, der Kelch, das Abgründige
— —

— —
——— unten: Kan - das Wasser, der Kelch, das Abgründige
— —

Dieses Hexagramm ist eines der acht Zeichen, deren oberes und unteres Trigramm gleich sind. Kan ist der Kelch, das Abgründige, das Eintauchen in die Dunkelheit, in die Intuition. Kelche repräsentieren im Tarot das Wasser, Kan entspricht der Hohen Priesterin. Wer die Hohe Priesterin zieht, oder das Zeichen Kan bekommt, wird mit einer Weisheit konfrontiert, die uralt, tief in uns lebt und über gewöhnliche Gefühle hinausgeht. Kan ist die Essenz der Frau in einem Netz der Frauengemeinschaften, das Matriarchat, die Priesterin und die Spirituelle Frau schlechthin.

Kan steht für das nährende Wasser in jedem Aspekt. Aus dem Universum der Göttin fließt das Wasser in vielen Formen auf der Erde, um sich mit den Ozeanen zu vereinigen. Wasser ist der Bauch der Welt. In Frauen ist Kan das intuitive Gefühl, das noch vor dem Gedanken kommt, das Gespür, noch ehe sich etwas manifestiert. Im traditionellen I Ging symbolisiert dieses Zeichen eine Gefahr, „die Tiefen“ heißt dort „das Abgründige“. Im matriarchalen Sinn dieses I Ging-Buchs für Frauen stellt die intuitive Ur-Dunkelheit das strahlendste Prinzip dar.

Das Zentrum

Intuition und Gefühl. Sie strahlt, und alles fließt in ihr.

Die Tiefen, das Wasser:
Nach innen fließen
Bringt Heil.

Wasser zeigt die richtige Handlung: fließen, füllen, nähren. Die Mutter allen Lebens, Dao, das Prinzip des Taoismus, bleibt in allen wechselnden Formen immer dieselbe. Wie sie bleibt auch die Priesterin der matriarchalen Gemeinschaft offen und wahr in der Konfrontation. Durch die Reinheit ihrer Gedanken und ihre Intuition fließt sie mit der Situation, ihr Verständnis wächst. So wenden ihre Handlungen die Probleme zum Guten. Ihr Eintauchen in die Tiefen bringt neues Leben und Segen. Wasser ist die Quelle des Lebens.

DAS BILD

Elementares Wasser:
Die Tiefen.
Die Priesterin
Strahlt und bringt alles in Fluß.

Das Wasser erreicht alles durchs Fließen. Es gelangt in alle Öffnungen und Tiefen, die es berührt. Es durchdringt die Erde. So handelt auch die Priesterin: Sie berührt ihr inneres Wissen, ihre Intuition und ihre Verbindung zur Göttin in der Tiefe ihrer Erinnerung.

DIE BEWEGUNG

Am Anfang eine Sechs:
Sie fällt in
Fließende Dunkelheit.
Neue Geburt.

Sogar die Priesterin verliert ihr Gleichgewicht, wenn sie zum erstenmal mit der Tiefe ihrer Intuition, dem Wasser und der Dunkelheit konfrontiert wird. Sie ist es nicht gewöhnt, an solch starke Gefühle zu rühren, und fürchtet zu ertrinken. Sie findet ihr Gleichgewicht wieder und lernt schwimmen. Die geboren wird, ertrinkt nicht.

Neun auf dem zweiten Platz:
Wasser überschwemmt.
Sie bahnt sich langsam ihren Weg
Und fließt.

In die Tiefen untergetaucht, handelt die Priesterin nicht, ohne nachzudenken. So gerät sie nicht in Panik. Sie lernt, mit ihren Gefühlen umzugehen und ihre Sinne zu benutzen. Ihre Fähigkeiten wachsen. Aus langsamen Anfangsversuchen wächst sie zu hohen Aufgaben heran.

Sechs auf der dritten Linie:
Wasser vorne
Und Wasser hinten.
Umkehr ist zwecklos.

Die Priesterin findet sich von ihrer Intuition und ihren Gefühlen umringt, so bewegt sie sich nicht vor oder zurück. Sie hat nicht genug Erfahrungen, um zu wissen, an wen sie sich wenden könnte oder was sie tun soll. Sie wird sich ihrer unsicheren Position bewußt und wartet auf Rat. Handeln bringt Unheil.

Sechs auf dem vierten Platz:
Die Reinheit
Klaren Wassers.
Sie blüht und gedeiht.

In Zeiten der Wandlung und der Veränderung kommt es auf Formalitäten nicht an. Hier zählen die Inhalte, nicht ihr Rahmen. Erleuchtung wird durch Schmuck und Ornament nur getrübt. Das Einfache führt in Gemeinschaften von Frauen zu Gelingen.

Neun auf dem fünften Platz:
Die Tiefen
Füllen sich.
Gelingen.

Es ist in Zeiten innerer Versenkung gefährlich, zuviel erreichen zu wollen. Die Priesterin geht den Weg des geringsten Widerstands. Sie bestimmt ihre Handlungen durch ihre spirituelle Erkenntnis und vermeidet Übertriebenes. Indem sie um Ausgleich bestrebt ist, erhebt sie sich aus ihren Schwierigkeiten. Gutes Gelingen.

Oben eine Sechs:
Sie verliert
Ihre Intuition.
Unheil und Überflutung.

Eine Frau, die tief verunsichert ist, verliert den Boden unter den Füßen. Sie ertrinkt in Selbstmitleid und Selbstzweifeln. Eine Priesterin verliert die Verbindung zur Göttin nie und weiß daher, daß ihr Geist und ihre Gefühle Teil des kosmischen Ganzen sind. Durch ihre Verbundenheit mit dem Universum und ihr Verständnis vom Wesen aller Dinge gelangt die Priesterin in ruhige Gewässer. Sie fließt, und kein Unheil geschieht ihr.

30. Li - das Haftende, das Feuer

———
— — oben: Li - das Feuer, der Stab, das Haftende
———

———
— — unten: Li - das Feuer, der Stab, das Haftende
———

Li ist das Feuer, das sanft schimmert, wärmt und verwandelt, aber auch das „an etwas haften“. Das Feuer tröstet den Körper und erleuchtet den Geist. Die beiden Hexagramme dieses zweiten Doppelzeichens zeigen je zwei starke Linien, die von einer weichen Linie dazwischen angefacht, entzündet werden. Feuer liebkost, was es entzündet und verbrennt, es hat keine eigene Form. Li ist der Zauberstab der Großen Göttin in ihrem strahlend hellen Aspekt. Feuer ist der Süden, der Mittag und der sechste chinesische Monat, Juli/August. Im Tierkreis steht Li für die Löwin und regiert die Lebenskraft, den wachen Geist. Feuer heilt, zerstört und reinigt. Der Stab repräsentiert alles Flammende von der Kerze über das Herdfeuer bis zur Sonne. Die Stäbe repräsentieren im Tarot das Feuer. Die Namen des Feuers lauten Brigid, Pele, Hesta, Vestia, Ishtar, alle Göttinnen der Flammen, des Vulkans und des Herds gehören zum Feuer. Die Farben sind orange und gold und die Helligkeit der Mittsommersonne. Feueropal, Löwin, feuerspeiende Drachin und der funkenschlagende Himmelswagen gehören zu diesem Zeichen.

Das Zentrum
Liebkosende Berührung. Sie glüht.

Das liebkosende Feuer:
Licht und Strahlen.
Sie vereinen sich.

Dunkelheit haftet am Licht, ohne Licht kann auch die Dunkelheit nicht sein. Mit Yin und Yang sind alle Gegensätze wie Zwillinge: Eins kann ohne das andere nicht sein.

Die Sonne liebkost mit ihrem Licht den Mond, und beide berühren die Erde und erhellen sie. Die Spirituelle Frau wird durch die Göttin, ihre Güte und ihr Licht berührt, und was sie umgibt, bleibt an ihr haften. So erhellt sie die Gemeinschaft der Frauen mit ihrem Licht. Das Leben der Frau ist ein Teil der strahlenden Leidenschaft des Universums, und sie strahlt und wärmt andere mit ihrem sanften Schimmer. Die Spirituelle Frau läßt ihre Geliebten aufleuchten, und aus der Dunkelheit schimmert Licht. Das Helle und das Dunkle liebkosen, berühren und vereinigen sich. Die Spirituelle Frau findet ihren Platz bewußt, strahlend und liebevoll.

DAS BILD

Feuerstab:
Das liebkosende Feuer.
Die Spirituelle Frau
Erhellt alle.

Beide Trigramme sind hell. Ihre Wiederholung zeigt die ungebrochene Lebenskraft. Helligkeit wächst und nimmt ab - am Tag, in der Nacht mit dem Licht des Mondes und im Lauf des Jahres. Zeit wiederholt sich in Ewigkeiten von Hell und Dunkel, Yin und Yang. In der Spirituellen Frau spiegelt sich der Kreistanz des Universums. Durch ihre Erleuchtung erleuchtet sie die Welt.

DIE BEWEGUNG

Am Anfang eine Neun:
Morgendämmerung.
Gute Absichten
Bringen gute Tage.

Im Morgengrauen erwacht sie, wie die Göttin zu Lichtmeß erwacht. Ihr Bewußtsein kehrt aus der Traumdunkelheit, aus den Tiefen der Intuition zurück zum Leben, zu Energie und Aktivität. Dunkel und Hell verbinden sich wieder und fließen ineinander. In der Aktivität des Tages erinnert sich die Frau an die Kraft ihrer Traumzeit und öffnet sich ihrem Instinkt. So findet sie den Schimmer der Intuition auch unter dem klaren Morgenstern und bleibt bei sich.

Sechs auf dem zweiten Platz:
Mittagsonne
Gelbe Sonne.
Wärme.

Mittagszeit, Wärme, Mütterlichkeit, Sommer. Gelb ist die Farbe der Wärme, der Mitte, der Zentriertheit. Gelbes Licht bedeutet im I Ging die volle Blüte, das Gleichgewicht des Mittelwegs. Hier ist die Frau beschrieben, die sich harmonisch in der Lebensspirale dreht.

Neun auf dem dritten Platz:
Sonnenuntergang.
Die Spirituelle Frau
Erreicht ihre Weisheit.

Sonnenuntergang erinnert an die Vergänglichkeit des Lebens, das Ende des Tages an das Ende des Lebens. Alles kehrt in den Schoß der Erde zurück, um neu geboren zu werden. Die Spirituelle Frau erkennt den Kreis des Universums als unendliche Freiheit. Sie wird mit zunehmendem Alter nicht ungerecht oder voll Selbstmitleid. Sie gibt sich die Möglichkeit, mit ihrer Lebenserfahrung zu wachsen und durch das Weitergeben ihrer Erfahrungen erleuchtet zu sein.

Neun auf dem vierten Platz:
Sterne fallen.
Sie glüht nicht auf
Und verglüht nicht.

„Klarheit des Geistes ist tief verwurzelt, kann aber auch verbrennen... Alles kommt darauf an, wie die Klarheit funktioniert." (Richard Wilhelm) Die Spirituelle Frau ist nicht wie eine Sternschnuppe, die strahlend über den dunklen Himmel zieht und verglüht. Sie nährt ihre Feuer mit zuverlässigem Brennstoff und verbindet ihre Dunkelheit mit ihrem Licht. So wird sie getragen.

Sechs auf dem fünften Platz:
Wasser und Feuer.
Verlangsamte
Erleuchtung.

Auf dem Höhepunkt der Hitze, des Bewußtseins oder der Liebe lernt die Spirituelle Frau, sich zurückzuziehen, um sich zu erneuern. Wenn sie weiterbrennt, verglüht sie wie ein Meteor. Wenn sie sich zurückzieht und ihre Kräfte wieder sammelt und sich rettet, wässert (in ihren Tränen), gewinnt sie ihre Kraft zurück. Die Weichheit des Wassers mildert das brennende Feuer. Sanfter Schein - kein Makel.

Oben eine Neun:
Sie scheint für alle,
Sie brennt in allem.
Kein Makel.

Der Zyklus des Universums ist in allem. Indem sich eine Frau mit dieser Kraft identifiziert und sie akzeptiert, indem sie diese Kraft weise lebt, findet die Spirituelle Frau ihren Platz im Universum und Frieden in ihrem Leben. Ihr Licht erleuchtet die Schwestern der Gemeinschaft, sie strahlt bei allem, was sie tut. Wenn sie liebt, liebt sie rückhaltslos. Sie schreitet in Schönheit und Wärme, und was sie berührt, leuchtet auf.

Teil II

31. Hien - die Einwirkung (die Werbung)

— —
——— oben: Dui - das Heitere, der See
———

———
— — unten: Gen - das Stille Halten, der Berg
— —

Das Hexagramm besteht aus Dui, das Heitere, der See, die heitere Tochter, und Gen, das Stille Halten, der Berg. Die feste Stärke des Berges beeinflußt das Heitere des Sees, das beschreibt die Anziehungskraft und Liebe zwischen zwei Erhabenen Frauen, gegenseitige Liebe, die stark hin und herfließt.

Während Teil I des *I Ging für Frauen* universelle, spirituelle Themen betont und sich auf inneres Wachstum und Verbundenheit konzentriert, beschreibt Teil II diese Werte innerhalb des alltäglich irdischen Rahmens. Hien, das Hexagramm, das Teil II eröffnet, erörtert die Kraft der Beziehung, des Austauschs zwischen Partnerinnen und Liebenden. Dazu kommt bei diesem Zeichen auch der Einfluß, den eine Frau auf ihre Umwelt, auf das gemeinsame Netz der Frauen hat. Diese Wirkung wird mit der Metapher einer Liebeswerbung beschrieben.

Das Zentrum
Nichts trennt wahre Liebende. Friede.

Liebeswerbung.
Fließende Liebe.
Fließender Frieden.

Der See ist oben, der Berg darunter, ein Bild der Stärke und der fließenden Heiterkeit. Gegensätze treffen sich und ziehen sich an, um sich zu vereinigen. Wasser bleibt Wasser, und Erde bleibt Erde, aber gemeinsam schöpfen sie etwas Neues. Der See nährt den Berg, die Erde hält das Wasser zusammen. In ihrer Vereinigung liegen Friede und Liebe in großer Fülle.

Die Beziehung, die hier beschrieben wird, hat Maß und Gleichgewicht. Heiterkeit fließt in natürlicher Fülle, und die Kraft trägt Früchte. Das Ziel ist nicht einfach Verführung, sondern Liebeswerbung, die Lust und mehr bringt. Hier sollen Anteilnahme und Liebe zwischen Frauen erreicht werden. Durch die Verbindung zweier Frauen, die sich lieben, wird das Leben auf der Erde bereichert. Durch die Anziehung und Verbindung von Gegensätzen wird das Leben in der Gemeinschaft bereichert. Das hat Frieden und Harmonic im kosmischen Rad zur Folge.

DAS BILD

Freude auf dem Berg:
Einfluß und Werbung.
Die Erhabene Frau
Gibt und nimmt.

Der Berg wird von Wassern genährt, die unter ihm liegen, er bekommt Heiterkeit und wohltuende Kraft. So gibt und empfängt auch die Erhabene Frau. Sie gibt ihre Liebe und bekommt sie vielfach zurück, in Anerkennung und gegenseitigem Geben treffen sich die Schwestern. So kommt die Gemeinschaft der Frauen in Einklang.

DIE BEWEGUNG

Am Anfang eine Sechs:
Sie will Einfluß.
Kein Makel.

Jede Handlung beginnt mit einer Gedankenform. Der Gedanke ist stärker als die Handlung selbst. Hier ist die Absicht beschrieben, Einfluß zu nehmen, um eine Liebe zu werben, doch es wurde noch keine Handlung unternommen. In der Absicht liegt schon das Ergebnis, doch solange nichts an die Außenwelt dringt, ist kein Makel und kein Heil. Die Erhabene Frau, die in guten Absichten kommt, tut das Richtige.

Sechs auf dem zweiten Platz:
Sie wartet mit ihrer Werbung
Und blüht.

Handlungen erwachsen aus guten Absichten. Ehe sie handelt,

macht sich die Erhabene Frau klar, was korrekt ist. Zur rechten Zeit beginnt sie mit dem Richtigen. Die Erhabene Frau ist einfühlsam und spürt, wann sie warten und wann sie vorwärts gehen muß. Sie folgt dem Weg ihres Herzens und blüht auf.

Neun auf dem dritten Platz:
Sie wirbt langsam.
Sie liebt.

Ihr Herz steuert ihre Handlungen, und wenn das Herz befiehlt, folgen der Geist und der Körper. Aktionen, die nicht durchdacht sind, führen aber zu Zurückweisung und Irrtum. Die Erhabene Frau wirbt nicht um jede Person, die ihr begegnet. Sie läßt sich auch nicht auf jede Person ein, von der sie erwählt wird. Sie findet es nicht alltäglich und selbstverständlich, wahrer Liebe zu begegnen, und weist tiefe Liebe nicht einfach zurück. Wenn sie in ihrem Herzen ruht, weiß sie, wann sie zögern muß und wann Handlungen gut sind. Die Erhabene Frau bewegt sich mit Liebe, Respekt und Vorsicht. So findet sie Erfüllung und eine glückliche Vereinigung.

Neun auf dem vierten Platz:
Freudig wirbt sie.
Ihr Herz ist offen.

Diese Hauptlinie des Hexagramms bedeutet, daß sich das Herz der Liebe öffnet. Wenn der Einfluß und die Beharrlichkeit der Erhabenen Frau stimmen, wird sie verletzlich, ohne verletzt zu werden. Sie bereut nicht, daß sie den ersten Schritt getan hat. Alle Menschen, die von ihrem Einfluß berührt werden, sind von ihrer Offenheit angetan. Sie kann ihre Liebe zeigen und wird geliebt. Zwei Schwestern finden sich endlich. Aus den richtigen Handlungen folgt ein Neubeginn, Beharrlichkeit bringt Freude. Gegenseitige Liebe zwischen zwei starken Persönlichkeiten wächst.

Neun auf dem fünften Platz:
Sie wird beeinflußt
Und nimmt Einfluß.

Die Erhabene Frau hat einen starken Willen, und ihre Liebe macht sie entschlossen. Sie akzeptiert ihre intuitiven Gefühle und lebt sie aus, ohne sie zu beschneiden oder zu verbiegen. Sie beeinflußt die geliebte Person und läßt sich beeinflussen. So werden sie zusammen zu einer neuen gemeinsamen Form und können in ihre Tiefe wachsen.

Oben eine Sechs:
Einfluß durch die Rede.
Kein Mangel.

Die Erhabene Frau will nicht manipulieren oder leer herumflirten. Ihre Handlungen sind wichtiger als die leere Rede, doch was sie sagt, basiert auf innerer Ehrlichkeit. Indem sie das Oberflächliche hinter sich läßt, erreicht sie die Quelle: die Liebe, die aus dem tiefsten Inneren kommt.

32. Hong - die Dauer (Liebende)

— —
— — oben: Dschen - das Erregende, der Donner, das Erwachen
———

———
——— unten: Sun - das Sanfte, der Wind, das Holz
— —

Das aktive Dschen vermischt sich mit dem passiven, aufnehmenden Sun, der Donner vereinigt sich mit dem sanften Wind. Diese Dualitäten sind Aspekte einer jeden Beziehung und sind in jeder Frau vorhanden. Hong ist die hoffnungsvolle Zeit der Liebeswerbung, zwei Menschen, zwei Frauen werden Liebende. Hong stellt ihre Partnerschaft, ihre Einheit, ihren Respekt, ihre Liebe dar. Sie tauschen Ringe, der Kreis ist das Symbol der Dauer. Sie feiern ein Ritual. Wie der Kreis des Lebens nie unterbrochen wird, bitten die Frauen die Göttin um nicht endende Liebe.

Das Zentrum
Nichtendende Liebe. Unendliches Licht.

Nichtendende Liebe
Zwischen Frauen.
Der Kreis leuchtet.

Beharrlichkeit ist ein Vordringen zum Ziel, kein fester, sondern ein fließender Zustand. Hier ist das Symbol eines Kreises gezeichnet, in dem jede Frau ihren Platz hat, es gibt keinen Anfang, kein Ende. Unter dem Einfluß der Göttin erfüllt sich die Ganzheit des Lebens.

Nichtendende Liebe ist Gegenstand von Gedichten, von Frauenkunst. Sie ist die Gewißheit des Atems, der Jahreszeiten, das Glück der Berührung der geliebten Person. Die Liebe zwischen den Frauen einer Gemeinschaft ist vergleichbar mit der Verbundenheit der Sterne im Kosmos, die ihre Schönheit über den nächtlichen Himmel zeichnen. Diese Liebe spendet Leben, bestätigt, erneuert.

Die Spirituelle Frau gibt sich ganz den Wegen der Liebe hin. Sie ist in ihren Beziehungen und Zuneigungen beharrlich, aber nicht aufdringlich. Sie begegnet ihrer Liebe mit Respekt und Hingabe. Sie lieben einander, lehren und lernen, aber sie bleiben bei sich. Zwei starke, unabhängige Personen, die einander lieben, können wirklich verschmelzen, ohne sich zu verlieren. In ihrer Beharrlichkeit gleichen sie der Beharrlichkeit der kosmischen Zyklen.

Das Bild

Der Donner wird
Vom sanften Wind geweckt.
Die Spirituelle Frau
Findet wahre Liebe.

Donner und Wind sind bewegte Kräfte. Der Donner weckt den Sturm, der Wind erfrischt die Erde. Ihre Bewegungen und Muster weben die Struktur des Universums. Sie stellen den Zyklus von Zusammenziehen und Ausdehnen, Ursache und Wirkung, Anfang und Fortschreiten dar, Elemente, die zunehmen und abnehmen, aber immer dasind. Die Spirituelle Frau erwacht und liebkost, erweckt und liebkost wieder, hält aus und bewegt sich in den Kreisen universeller Liebe. Sie fließt mit der Natur, ihre Liebe ist der Sinn des Seins.

Die Bewegung

Am Anfang eine Sechs:
Erzwungene Beharrlichkeit.
Kein Gelingen.

Aufrichtige Zuneigung kommt langsam in Gang und braucht Verstehen. Die Spirituelle Frau verlangt nicht zu früh Dauerhaftigkeit und Beharrlichkeit. Laotse sagt: Wenn wir etwas zusammendrükken wollen, müssen wir erst zulassen, daß es sich ausdehnt. Dauerhaftigkeit kommt, sie erzwingen zu wollen, bringt Unheil.

Neun auf dem zweiten Platz:
Sie spricht aus ihrem Herzen
Und wird nicht zurückgewiesen.

Die Spirituelle Frau öffnet sich der Person, die sie liebt. Obwohl sie Angst hat, nicht verstanden zu werden oder zuviel zu verlangen, spricht sie über ihre Gefühle und Bedürfnisse. Sie kennt ihre Herzenswünsche und erreicht ihr Ziel. Die Spirituelle Frau wird mit offenen Armen empfangen.

Neun auf der dritten Linie:
Sie ist beharrlich.
Sie ist stark.

Eine Frau, die nur auf ihre Schwestern, aber nicht auf ihr Inneres hört, verliert ihre Charakterfestigkeit. Die Spirituelle Frau läßt sich nicht durch Streß, Unsicherheit oder Zweifel irritieren. Ihre Schwestern können ihr raten, aber nur sie weiß ihren Weg wirklich.

Neun auf dem vierten Platz:
Sie sucht
Auf positive Art.

Die Spirituelle Frau sucht nicht Bestand, wo keiner ist, so daß sie immer sucht und alleinbleibt. Sie sucht ehrlich und offen unter Menschen, die ihr gleichgesinnt sind, und findet dauerhafte Liebe.

Sechs auf dem fünften Platz:
Dauernde Beharrlichkeit.
Unendliches Licht.

Zwei Liebende bleiben unabhängige Individuen. Keine beugt sich den Bedürfnissen oder Ideen der anderen, keine verliert sich in der anderen oder in der Liebe selbst. Wenn die Liebe stark ist, bringt die Verschmelzung große Kraft und Dauerhaftigkeit. So bleibt jede sich selbst und der anderen treu, so baut sich eine Liebe auf, die wächst und andauert. Jede bringt sich in die Beziehung ein, und die Beständigkeit der Liebe führt zu Einklang und Glück.

Oben eine Sechs:
Dauernde Unruhe.
Unheil.

Dauernde Rastlosigkeit zerrüttet eine Verbindung. Wahre Liebe bringt Ruhe und Frieden mit sich, ohne diese Qualitäten und ohne Stabilität kann sie nicht überdauern.

33. Dun - der Rückzug

———
——— oben: Kien - das Schöpferische, Himmel, Luft, Labrys
———

———
— — unten: Gen - das Stille Halten, der Berg
— —

Dun ist der sechste chinesische Monat, Juli und August bei uns. Das Lammas-Fest der Kelten fällt in diese Zeit, ebenso wie das Zeichen Löwe. Der Sommer ist über seinen höchsten Punkt gewandert, der Winter naht. „Die Mutter wird zur Schnitterin, zur Unerbittlichen, die Leben nimmt, damit neues Leben wachsen kann.“ (Starhawk) Die Kraft der Neuanfänge ist noch im Getreide eingeschlossen, noch ist die Zeit der Ernte nicht gekommen. Im Korn liegt das neue Lebenspotential. Reift es, so entsteht im Frühling neues Leben.

In der Kälte des Winters ruht der Neuanfang. Das Licht zieht sich zurück, Dunkelheit steigt auf. Rückzug ist ein Gesetz des Universums, Teil des natürlichen Zyklus der Natur. Es gibt Zeiten, weiterzumachen, und Zeiten, sich zurückzuziehen. Keine dieser Kräfte ist falsch, wenn sie zur rechten Zeit entfaltet wird. Erneuerung liegt in jedem Rückzug.

Das Zentrum
Zeit der abnehmenden Kraft. Freudiger Rückzug.

Eine Zeit des
Rückzugs.
Wachse in der Dunkelheit.

Dieses Zeichen beschreibt eine Zeit, in der Beharrlichkeit und Weitermachen kein Gelingen bringt, Fortschritte werden nur indirekt gemacht. In Zeiten des Rückzugs erkennt die Erhabene Frau ihre Situation. Sie zieht sich zurück und sammelt ihre Kräfte, sie lernt zu warten und den Umschwung vorzubereiten. Ihr Rückzug bedeutet nicht, wegzulaufen, aufzugeben oder die Kräfte zu zersplittern. Umsichtiger Rückzug hat Weisheit und Mut. Die Erhabene Frau ist sich über ihre Bedürfnisse klar und meistert die Situation. Im politischen Sinn ist Rückzug eine Art, Aktion vorzubereiten, sich nicht sinnlos zu verausgaben. Indem sie sich dem Falschen entzieht und ihre Kräfte herauszieht, wo sie mißbraucht werden, handelt die Erhabene Frau durch Nicht-Handeln. Friedlicher Rückzug bereitet einen Wechsel vor. Kreativer Rückzug bedeutet positive Handlung. Die Erhabene Frau weiß, wann ihre Fähigkeiten falsch eingesetzt werden, und zieht sich zurück. Bewußtsein und Verbindung mit dem Zyklus der Natur machen ihren Rückzug zum Fortschritt.

Das Bild

Ein Berg unter dem Universum:
Rückzug oder Versenkung.
Die Erhabene Frau
Verweigert sich der Falschheit.

Ein Berg reckt sich zum Himmel, erreicht ihn aber nicht. Die Luft bildet einen Bogen über der Erde - Luft als spirituelle Form der Erde. Die Erhabene Frau weiß, wann sie sich zurückziehen muß. Sie entwickelt die Stärke des Bergs und streckt sich nicht nach dem Falschen. Ihre Integrität ist uneinnehmbar wie die Luft.

Die Bewegung

Am Anfang eine Sechs:
Rückzug in Zeiten der Gefahr.
Sie riskiert nichts.

Die Erhabene Frau folgt ihren Schwestern auf ihrem Rückzug. Die Gefahr ist nahe. Im Augenblick der Gefahr erzwingt sie kein Handeln. In der Krise riskiert sie nichts, jetzt ist nicht der Zeitpunkt.

Sechs auf dem zweiten Platz:
Die weniger erfahrenen
Frauen ziehen sich zurück.

In Zeiten der Gefahr richten sich die Frauen nach den erfahrenen Alten und Müttern. Sie folgen ihnen, weil sie auf ihre Einschätzung vertrauen. In unruhigen Zeiten entscheidet sich die Erhabene Frau sorgfältig. Ihr Ziel ist die Wiederherstellung der Balance.

Sechs auf dem dritten Platz:
Die Weisen Frauen
Verantworten den Rückzug.

Die Schwestern sind irritiert und können keine gemeinsamen Entscheidungen finden. So führen die Mütter, wenn sie sich auch nicht danach drängen. Die Erhabene Frau akzeptiert, wenn ihre Führungsqualitäten gefragt sind, gibt aber so bald als möglich die Verantwortung an die anderen Frauen zurück. Führung einzelner kann nicht das Konzept von Frauengemeinschaften sein, ist aber in Krisenzeiten manchmal unumgänglich.

Neun auf dem vierten Platz:
Sie entscheidet sich für Rückzug
Und Veränderung.

Die Erhabene Frau weiß, wann Aktionen ihre Lage nur verschlimmern. Sie zieht sich ruhig zurück und behält ihre Möglichkeiten im Auge. Sie wählt den Weg des geringsten Widerstandes, ohne dabei ihre Integrität zu kompromittieren. Indem eine ihre Fähigkeiten zur rechten Zeit zurückhält, bewirkt sie Veränderung.

Neun auf dem fünften Platz:
Korrekter Rückzug.
Sie wird bestätigt.

Es ist die Stärke der Erhabenen Frau, daß sie erkennt, wann ein Rückzug unumgänglich ist. Sie handelt korrekt, verursacht keine Konflikte, bleibt stark. Sie behält im Hinterkopf, was richtig ist, und ändert ihre Meinung nicht. Beharrlichkeit bestätigt ihre Haltung.

Oben eine Neun:
Geduldiger Rückzug.
Sie behält die Oberhand.

Klarheit wird erreicht. Die Erhabene Frau hat keine Zweifel. Sie verhält sich zurückhaltend und geduldig, sie läßt ihre Entscheidungen nicht von Ärger beeinflussen. Die Erhabene Frau setzt sich mit Klarheit und Entschlossenheit durch. Ihre Bewußtheit zeigt ihr, wann sie umkehren muß. So erreicht sie gutes Gelingen.

34. Da Dschuang - Gerechtigkeit (des Großen Macht)

— —
— — oben: Dschen - das Erregende, der Donner, das Erwachen
———

———
——— unten: Kien - das Schöpferische, Himmel, Luft, Labrys
———

Die Trigramme stellen die kreative Kraft und das erwachende Wachstum dar, das bedeutet die Verbindung von Gerechtigkeit und Macht in den Gemeinschaften von Frauen. Der chinesische Titel dieses Zeichens ist: des Großen Macht. Es steht für den zweiten chinesischen Monat, bei uns März und April. Im Jahreskreis sind dies die erwachenden Monate, Zeit des neuen Wachstums. Die Hopi nennen den März Isumuya, „flüsternde Geräusche der frischen Winde", und den April Kwiyamuya, den „Windbrecher". Es ist Zeit, die Felder umzugraben, daher finden in dieser Zeit keine großen Rituale statt. Astrologisch ist dies die Zeit des Widders, die Feuermachen in der Erde beinhaltet - das Feuer der Vulkane und das Feuer des Wachstums. Alles deutet auf einen Neuanfang. Auf den Altären der Hexen wurde die Kraft zur Frühlingstag- und Nachtgleiche oder auch zu Ostern gerufen, und der Blumenschmuck zeigt, daß sich die Zeit der Blüten wieder nähert, die Wiederkehr der Wärme, der Frühling.

Das Zentrum
Gerechtigkeit. Wachsende Stärke.

> Gleichgewicht und Stärke.
> Gerechtigkeit.
> Die Stärke dauert an.

Die festen Linien des Hexagramms stehen für Stärke, die Erhabene Frau hütet sich, zuviel Kraft anzusammeln oder etwas zu erzwingen, denn das würde sie in Gefahr bringen. Sie bleibt bei ihrer inneren Kraft und hält sich an die ursprüngliche Gerechtigkeit und die Naturgesetze. Die weichen Linien symbolisieren Wachstum und Bewegung und erinnern die Erhabene Frau daran, daß sie in Zeiten großer Macht auf korrektes Verhalten achten muß. Wahre Größe ist die Verbindung von Macht und Gerechtigkeit, das ist der Fluß des Universums der Göttin.

Das Bild

Donner in der Luft.
Gerechtigkeit und Macht.
Die Erhabene Frau
Schreitet in Harmonie.

Der Donner, der durch den Drachen symbolisiert wird, steigt aus dem Untergrund auf zum Frühlingshimmel. Dieses Erwachen zeigt, daß das Leben auf der Erde wieder zu sprießen beginnt, daß die Göttin erwacht und in ihren vielen Erscheinungsformen wiedergeboren wird. Frühling ist die Zeit des erwachenden Bewußtseins und der Macht, die mit dem Rad des Lebens harmoniert. Die Erhabene Frau verbindet Stärke und Gerechtigkeit und ist in Einklang mit den kosmischen Gesetzen.

Die Bewegung

Am Anfang eine Neun:
Frühe Macht.
Sie ist gewarnt.

Macht, die zu früh und zu stark ausgespielt wird, bringt Unheil. Diese Linie ist eine Warnung an die Weise Frau.

Neun auf dem zweiten Platz:
Sie geht mit der Macht
Auf rechte Art um.

Der Weg der Erhabenen Frau ist sichtbar, und sie geht ihn ohne Übertreibung oder irgendeine Gewalt. Wenn sie ihre Ziele aus den Augen verliert oder zu früh oder nicht korrekt handelt, riskiert die Erhabene Frau Unheil. Indem sie verstehen lernt, wann sie handeln soll, wächst ihre Macht und bringt Gelingen.

Neun auf dem dritten Platz:
Die Erhabene Frau
Achtet ihre Macht.

Eine weniger geübte Frau wird stolz und sucht Macht-über-Situationen, so wird sie in Schwierigkeiten verwickelt. Die Erhabene Frau lernt, diesen Fehler zu vermeiden, sie geht mit Macht sorgfältig und weise um. Sie verbindet Macht und korrektes Verhalten und nutzt alles auf gute Art.

Neun auf dem vierten Platz:
Hindernisse weichen.
Macht wächst.

Die Erhabene Frau geht ihren Weg sicher und gelassen, so löst ihre weise Haltung alle Hindernisse auf. Sie hat keinen Grund zur Reue, und ihre Handlungen führen zu ihrem Wachstum. Indem sie mit Macht richtig umgeht, gewinnt die Erhabene Frau an Größe, sie wächst selbst, und die Gemeinschaft der Frauen hat einen Nutzen daraus. Je weniger Gewalt oder Zwang, um so größer ihre Macht.

Sechs auf dem fünften Platz:
Äußere Härte,
Innere Kraft.

Eine Frau, die sich äußerlich hart und ruppig gibt, ist dennoch innerlich weich und ehrlich. Sie wirkt härter, als sie ist. Solange sie sich korrekt verhält und nichts übertreibt, wächst ihre Kraft, kein Unheil droht.

Oben eine Sechs:
Zeit ohne Kraft.
Sie wartet.

In einer Zeit, in der nichts zu gewinnen ist, wartet die Erhabene Frau. So findet sie ihre Kraft wieder und kann wieder Sicherheit gewinnen. Am Ende erreicht sie Gerechtigkeit, und ihre Ziele rücken näher.

35. Dsin - der Fortschritt (Erfolg)

———
— — oben: Li - das Feuer, der Stab, das Haftende
———

— —
— — unten: Kun - die Erde, das Pentagramm, das Empfangende
— —

Das Zeichen zeigt den Sonnenaufgang: Feuer über der Erde, Symbol für Erfolg und sicheren Fortschritt. Inneres Bewußtsein wächst und bringt Erleuchtung. Der Sonnenaufgang, der Osten, ist in der Kosmologie der Hopi mit Geburt und Leben verbunden. Für die Hexen ist das Morgengrauen das Licht der Göttin, Wiedergeburt der Energie, die das Korn wachsen läßt. Dsin ist eine mächtige Bestätigung für die Fragende: Helligkeit, Wärme und entfaltender Wohlstand.

Eine Frau schreibt ein Gedicht. Zeile für Zeile schöpft sie Bilder, Form und Inhalt. Geerdet und erhellt, wird ihre Gedankenform Wirklichkeit und manifestiert sich in der Realität. Sie teilt ihren Sonnenaufgang und ihren Erfolg mit den Schwestern.

DAS ZENTRUM
Erreichter Fortschritt. Gelingen.

> Erfolgreiches Einstimmen.
> Die Spirituelle Frau
> Gewinnt Achtung.

Die Spirituelle Frau erfährt Achtung und Sicherheit in der Beziehung mit ihrer Liebe, ihren Schwestern und auch mit sich selbst. Sie ist auf das Lebensrad, auf die Göttin eingestimmt. Indem sie ihre Fähigkeiten für alle einsetzt, wird sie für ihren Beitrag geehrt. Sie hat Würde und Geduld. In ihrer Liebe und ihrer Großzügigkeit wird sie für das respektiert, was sie ist. Ihr Wachstum ist ein Beispiel dafür, wie Frauen in Gemeinschaften wachsen können.

DAS BILD

> Aufgehende Sonne am Morgen:
> Das Bild des Erfolgs.
> Die Spirituelle Frau
> Scheint hell.

Die aufgehende Sonne bringt Klarheit und Enthüllung. Mit dem Licht des Tages und dem Rückzug der Nacht werden auch die Gedanken klar. Die Sonne wärmt und reinigt, ihre Strahlen dringen in die Herzen der Frauen. Die Spirituelle Frau verhält sich korrekt, indem sie Erfolg und Erleuchtung sucht.

Am Anfang eine Sechs:
Erfolg und Zurückweisung.
Sie geht weiter.

Die Spirituelle Frau braucht Zeichen des Erfolgs in ihrem Leben. Sie ist sich ihrer Wege nicht immer sicher. Sie folgt dem Pfad des Sonnenaufgangs und hält sich an das, was sie richtig findet. Wenn sich die Spirituelle Frau blockiert fühlt, erdet sie sich und wartet. Sie erzwingt nichts vor seiner Zeit. Indem sie mit den Gesetzen des Universums verbunden bleibt, erreicht sie Erfolg.

Sechs auf dem zweiten Platz:
Fortschritt in der Liebe.

Ihre Liebe geht auf wie die Sonne.

Die Liebeswerbung der Spirituellen Frau kommt nicht voran, sie hat keinen Erfolg. Sie bleibt bei korrektem Verhalten. Die von ihr auserwählte Person wird sie zur rechten Zeit wahrnehmen, sie werden sich finden. In wirklicher Zuneigung und Anziehung hält die Spirituelle Frau aus.

Sechs auf dem dritten Platz:
Klarheit.
Keine Reue.

Die Spirituelle Frau handelt und weiß, daß sie es gut macht. Sie erhält von ihren Freundinnen weder Lob noch Tadel. Durch ihre Klarheit, Eigeninitiative und ihr Wissen erreicht sie Anerkennung und Erfolg.

Neun auf dem vierten Platz:
Sie teilt den Segen.
Die Sonne geht hell auf.

Eine erfolgreiche Zeit ist auch eine Zeit der Klarheit, denn das Verborgene kommt ans Licht. Die Spirituelle Frau ist großzügig mit ihren Fähigkeiten und teilt, was sie hat. So geht die Sonne für sie auf, und ihr Weg wird hell.

Sechs auf dem fünften Platz:
Gewinnen oder verlieren:
Sie verändert sich.

Ein Grundprinzip des Universums der Göttin ist, daß sich alles wandelt. Was sich zuerst wie ein großer Verlust anfühlt, ist statt dessen ein Fortschritt. Hier dreht es sich nicht darum, ob die Spirituelle Frau gewinnt oder verliert, sondern nur darum, daß sie aus jedem Prozeß lernen kann. Indem sie sich auf ihre Intuition und innere Klarheit verläßt, wird der Erfolg sicher kommen.

Oben eine Neun:
Gewalt vermeiden.
Sie gewinnt.

Die Spirituelle Frau weiß, daß mit Gewalt und Zwang nichts erreicht wird. Gewalt bringt sie in Gefahr. So vermeidet die Spirituelle Frau Irrtümer, Leid und Konflikte, die aus Gewalt entstehen. Gewalt steht im Gegensatz zur natürlichen Ordnung. Vermeiden von Gewalt bringt Fortschritt und inneren Frieden.

36. Ming I - die Verfinsterung des Lichts (Unglück)

— —
— — oben: Kun - die Erde,das Pentagramm, das Empfangende
— —

———
— — unten: Li - das Feuer, der Stab, das Haftende
———

Dieses Zeichen ist das Gegenteil des vorhergehenden Zeichens 35, Fortschritt. Die Zeit der Winterkälte und des abnehmenden Lichts wird durch den Sonnenuntergang symbolisiert. Das Feuer der Sonne geht unter die Erde. Im vorhergehenden Hexagramm traf die Erhabene Frau auf keine Hindernisse für den Erfolg ihrer Pläne. In diesem Zeichen, der Verfinsterung des Lichts, steht sie schwer unter Druck. Wenn es gelingt, sich zu erden, bewußt zu bleiben, kann die Erhabene Frau Hindernisse und Gegnerschaften durch überlegte Handlungen in Erfolg verwandeln. Grundprinzip der Spirale ist die Notwendigkeit der Wandlung. Veränderung ist universelles Gesetz.

Das Zentrum
Hindernisse überwinden. Sie hält aus.

Sonnenuntergang.
Unglück und schwindende Kraft.
Sie bleibt beharrlich.

Die Erhabene Frau wird von den Ereignissen der Zeit nicht überrumpelt. Sie behält die Kontrolle und verändert ihr Schicksal durch ihre eigene Entscheidung. Mit ruhiger Kraft und Sicherheit lernt die Erhabene Frau, sich selbst zu schützen. Sie bleibt zwar allen Einflüssen von außen gegenüber offen, doch sie wählt ihren eigenen Weg. So hält sie in schwierigen Zeiten aus und schafft ihren Erfolg. Es gibt Zeiten des Unglücks, in denen die eigenen Möglichkeiten und Fähigkeiten verdunkelt werden. Sie hält ihre Kraft zusammen und macht sich bereit, nach außen zu gehen, wenn sich die Situation ändert. Das ändert nichts an ihrem Erfolg. Im Inneren ist sie beharrlich, wenn sie auch nach außen nichts zeigt. Durch Beharrlichkeit in einer unglücklichen Situation schützt und nährt sie ihr Licht.

DAS BILD

Sonnenuntergang auf der Erde.
Unglück.
Die Erhabene Frau wartet.

In einer Zeit des Unglücks läßt sich die Erhabene Frau nicht in Konflikte verwickeln und versucht auch nicht, ihre Ideen durchzusetzen. Sie weiß, es ist besser, sich zurückzuziehen und zu warten. Sie läßt ihren Schmerz in die Erde fließen und zeigt ihre Verletzungen nicht nach außen. Eine Zeit des Unglücks verändert das Wesen aller Dinge. Die Erhabene Frau weiß das und bleibt beharrlich im Inneren. So gelingt ihr am Ende alles.

DIE BEWEGUNG

Am Anfang eine Neun:
Unglück und Rückzug.
Große Trauer.

Die Erhabene Frau findet sich in einer verzweifelten Situation. Sie hat keine innere Ruhe, unter ihren Schwestern und Freundinnen findet sie keinen Trost. Sie wird nicht unterstützt. Indem sie sich ganz auf ihre innerste Integrität zurückzieht, leidet sie allein, trotzdem verliert sie ihren Weg nicht aus den Augen. Sie fühlt sich zwar verloren und isoliert, aber sie gibt sich nicht auf. Ihr Unglück und ihre Sorgen sind zwar stark, aber nur von kurzer Dauer.

Sechs auf dem zweiten Platz:
Sie verhält sich korrekt
Und gewinnt.

Die Erhabene Frau ist angeschlagen, aber ihre Möglichkeiten und Entscheidungen geben ihr Hoffnung. Sie nimmt ihren Schmerz an. Die Lage ist düster. Sie denkt nicht nur an sich, sondern setzt sich auch für die anderen Frauen ein. So kann sie schließlich den Konflikt lösen und größeren Schaden abwenden. Ihre Selbstlosigkeit und ihre Arbeit zum Wohle aller bringen Gelingen.

Neun auf dem dritten Platz:
Schnelle Konfrontation
Bringt keine Veränderung.

Die Erhabene Frau trifft auf die Quelle des Ärgers und des Unglücks. Sie versucht in einer Konfrontation das Problem zu lösen, aber sie hat keinen Erfolg. Alle Dinge geschehen zu ihrer Zeit, und jetzt ist nicht die Zeit. Etwas erzwingen zu wollen, löst das Problem nicht.

Sechs auf dem vierten Platz:
Gespräche scheitern.
Sie zieht sich zurück.

Die Erhabene Frau diskutiert mit ihren Gegnern, aber noch ist die Zeit nicht gekommen. Die Gespräche scheitern, Einigung wird nicht erreicht. Die Erhabene Frau beschuldigt nicht und läßt sich nicht beschuldigen. Sie macht sich keine Vorwürfe. In einer dunklen Zeit bleibt sie unbeirrbar.

Sechs auf dem fünften Platz:
Sie hält fest
Und gewinnt.

In einer Zeit, in der Integrität und Wahrheit nichts wert sind, entscheidet sich die Erhabene Frau, beherzt zu handeln. Sie stellt sich dem Kampf und weicht dem Unglück nicht aus. Sie wird nicht geschlagen. Die Erhabene Frau faßt Mut und schützt sich vor Verletzungen. Durch unbeirrbare innere Wahrheit und Klarheit gewinnt sie.

Oben eine Sechs:
Unglück bekämpft Unglück
Das Licht kehrt zurück.

Der Höhepunkt der dunklen Zeit ist erreicht, nun wird das Licht kommen. Die Frau, die zu widerstehen versucht, wird vom Unglück überwältigt. Doch am Ende wird das Unglück durch seine Natur beendet. Die Erhabene Frau bleibt beharrlich und läßt das Unglück versiegen. So dreht sich das Rad, alles verändert sich, und ein neuer Morgen dämmert.

37. Gia Jen - der Frauenklan

———
——— oben: Sun - das Sanfte, der Wind, das Holz
— —

———
— — unten: Li - das Feuer, der Stab, das Haftende
———

Dieses Hexagramm symbolisiert die Frauengemeinschaft, den Klan der Frauen, die ihr Leben gemeinsam verbringen. Die sechs Linien symbolisieren die Priesterin, die Mutter, die Weise Frau, die Erhabene, die Spirituelle Frau, die Liebende Frau und die Lernende, also die Tochter. Alle Bereiche im Leben einer Frau sind in diesem Zeichen angesprochen, und jede der Familienfunktionen existiert zu einem Teil in jeder Frau. Die Gemeinschaft funktioniert als Ganzes, weil jede einzelne Frau ihre Fähigkeiten dazubringt. Alle lernen und lehren, alle können wachsen, so entsteht Harmonie und Stärke. Harmonie in den einzelnen Lebensbereichen führt zur Harmonie in der ganzen Gesellschaft. Einheit spiegelt die Einheit der Erde mit ihren vielen verschiedenen Wesen und Kräften. Im Tarot steht „Die Welt" für dieses Hexagramm.

Das Zentrum
Frauengemeinschaft. Gelingen.

Matriarchaler Klan
Familie der Frauen.
Segen.

Die Stärke der Frauen stärkt auch die liebenden Frauen. Die Liebe der Frauen zueinander wirkt sich auf alle Lebens- und Arbeitsbereiche aus. Zuneigung und Anteilnahme bestimmen Gedanken und Handlungen. Wo diese Kräfte ausgeglichen sind, entsteht gegenseitiger Respekt. Die Beziehungen sind stabil. Die Mutter lehrt die Tochter und lernt von der Priesterin, die Weise Frau rät und heilt und lernt vom Kind. Lernen, teilen und lehren bestimmen das Leben der Frauen. Jede Fähigkeit wird gebraucht. Die Kraft der Göttin spiegelt sich in der Kraft der Frauen, die blüht und gedeiht.

Das Bild

Wind aus Feuer geboren.
Ein Bild der Frauenklans.
Dauernder Frieden.

Energie und Hitze werden durch die Flamme, die vom Wind genährt wird, symbolisiert. Die Spirale leuchtet aus dem Inneren. Um in einer Gemeinschaft erfolgreich zu sein, beginnt die Erhabene Frau mit Vertrauen und Liebe zu sich selbst. So wie sie sich respektiert und vertraut, überträgt sie diese Gefühle auch auf andere. Klarheit und Offenheit bestimmen Gefühle und Leben und wirken sich auf alle Handlungen aus. Stärke, Beharrlichkeit, Unversehrtheit, Rechtschaffenheit und Respekt - diese Eigenschaften zeichnen Frauen aus, die in matriarchalen Strukturen denken und leben.

Die Bewegung

Am Anfang eine Neun:
Die Priesterin lehrt.
Segen.

Die Rollen einer Gemeinschaft sind austauschbar. Die Priesterin, die auch Mutter ist, zieht es vor, sich den Studien der Mysterien zu widmen und ihre spirituellen Erfahrungen den anderen nahezubringen. Gutes Gelingen für alle.

Sechs auf dem zweiten Platz:
Die Mutter regiert
Durch gemeinsame Entscheidung.

Die Mutter ist das Zentrum matriarchaler Gemeinschaften. Sie hat die Fähigkeit, Frauen zusammenzubringen und Einigung zu bewirken. Sie hat aber keine Macht über die anderen Frauen und tut nichts gegen ihren Willen. Sie tröstet und nährt, sucht Versöhnung und Klarheit in Konflikten.

Neun auf dem dritten Platz:
Die weise Frau heilt
Und wird respektiert.

Die Weise Alte zieht sich aus den alltäglichen Belangen zurück, um sich ihren spirituellen Wegen zu öffnen. Obwohl sie am täglichen Leben nicht teilnimmt, ist sie Teil der Gemeinschaft. Wenn sie sich entschließt, zurückzukehren, hat sie viel zu erzählen, und alle, die sie berührt und heilt, werden von ihrer Energie angesteckt.

Sechs auf dem vierten Platz:
Die Erhabene Frau
Strahlt.

Die Erhabene und Spirituelle Frau hält die Gemeinschaft zusammen, sie hat die Fähigkeit zu organisieren, was gebraucht wird, und zu wissen, wie es verteilt wird. Das Praktische und das Spirituelle wachsen zusammen zum Wohl der Gemeinschaft.

Neun auf dem fünften Platz:
Liebende sind
Licht auf dieser Welt.

Gegenseitige Liebe und Achtung von Frauen sind die Wurzeln der Frauenklans. Die Liebe zwischen Frauen ist Beispiel für alle Beziehungen. Liebende halten das Licht des Universums in den Händen.

Oben eine Neun:
Die Tochter wird
Geliebt und Unterwiesen.

Die Töchter sind die Zukunft der Frauengemeinschaften. Alle Frauen schützen sie, helfen ihnen und lehren sie, wo sie können. Sie lernen klar zu denken, sich mutig zu äußern. Freiheit und Führung werden ihnen von den Frauen zuteil. So können sie ohne Bedrohung wachsen und kennen keine Furcht. In jeder Frau bleibt ein Teil dieser Tochter bestehen.

38. Kui - der Gegensatz

———

— — oben: Li - das Feuer, der Stab, das Haftende

———

— —

——— unten: Dui - das Heitere, der See

———

Flammen streben in die Höhe, und Wasser fließt nach innen, vom Feuer weg, zwei Elemente, die zueinander im Gegensatz stehen. In einer Polaritätsmassage, die eine Heilerin einer Frau gibt, wird durch das Verbinden und Ausgleichen gegensätzlicher Energien Heilung möglich. Obwohl es am Anfang mühsam ist und die Kraft zersplittert scheint, können sich Heilerin und Behandelte erden und erlangen durch die Behandlung das Gleichgewicht. Der Ausgleich der Energien beendet einen inneren Gegensatz, beide Frauen haben etwas davon und fühlen sich verbunden. Gegensatz wird in einer Gemeinschaft von Frauen durch die Annäherung beider Positionen, durch den Ausgleich der Polaritäten gelöst.

Das Zentrum
Gegensätze. Schwieriger Ausgleich.

> Gegensätze.
> Schwieriger Ausgleich.
> Kleine Bewegungen sind förderlich.

In einer Zeit von Problemen und Konflikten können Frauen in einer Lebensgemeinschaft keine größeren Ziele anstreben. Es gibt keine Einigung, und Absprachen scheinen nicht möglich. Die Gefühle schwappen über. Der Versuch, mit Gewalt etwas zu beenden, macht alles noch schlimmer. Eine Auseinandersetzung wird vorerst verschoben. Die Frauen wenden sich kleineren Aufgaben zu.

Indem der Alltag gut bewältigt wird, steigen die Chancen, die Gegensätze zu beseitigen. Gegensätze stellen unvereinbare Kräfte dar, die einer Gemeinschaft nicht unbedingt schaden müssen. Auch im Universum und in der Natur gibt es gegensätzliche Kräfte. Sie werden durch Verstehen und Respekt in fruchtbare Kreativität verwandelt.

Das Bild

Feuer über dem See:
Das Bild des Gegensatzes.
Das Rad der Veränderung dreht sich.

Als Urelemente bleiben sich Wasser und Feuer immer treu. Sie geben der Erhabenen Frau ein Beispiel, in Zeiten von Konflikt und Gegensatz sich treu zu bleiben. So ist sie im Einklang mit den Naturgesetzen. Kein Makel.

Die Bewegung

Am Anfang eine Neun:
Richtiges Verhalten.
Kein Makel.
In einer Zeit von gegensätzlichen Strömungen forciert die Erhabene Frau nichts. Sie entscheidet nichts, wenn es zu früh ist. Wenn sich Frauen voneinander entfernen, geschieht das nur für kurze Zeit, wo nichts erzwungen wird, löst sich der Gegensatz auch wieder, und die Kräfte nähern sich an. Die Erhabene Frau geht vorsichtig vor und vermeidet Streit. Sie wendet keinen Druck an, der nur Ärger bringt. Korrektes Verhalten - keine Reue.

Neun auf dem zweiten Platz:
Sie können sich nicht begegnen.
Aber sie begegnen sich.
Zwei Frauen finden es unerträglich, miteinander zu arbeiten. Eine unerwartete Begegnung schmilzt das Eis. Sie erkennen, daß sie Verbündete sind, obwohl ihre Haltungen gegensätzlich bleiben.

Sechs auf dem dritten Platz:
Zwei Liebende sind nicht einig.
Frieden wird kommen.
Zwei Liebende streiten sich, wann immer sie miteinander sprechen, und alles spricht gegen ihre Verbindung. Die Erhabene Frau bewahrt ihre Liebe auch in Zeiten von Streit und Gegensatz. Sie läßt sich von Feindseligkeit und Streit nicht demütigen und versucht zu verstehen. Mit Geduld und gutem Willen lösen die Liebenden das Problem.

Neun auf dem vierten Platz:
Durch Gegensatz einsam.
Sie wartet.

Die Erhabene Frau ist einsam, ohne Liebe, ohne FreundInnen. Sie pflegt ihre Ideale und das, woran sie glaubt, und wartet, bis sich das Rad dreht. So begegnet sie einer anderen Person, ihre Gegensätze ziehen sich an. Sie erkennen sich und entdecken Liebe. Die Erhabene Frau entwickelt im Alleinsein keine Einsamkeit oder Mißtrauen. So wird Liebe möglich, und sie bleibt nicht allein.

Sechs auf dem fünften Platz:
Sie erreicht Öffnung
Und Ausgleich.

Die Erhabene Frau trifft eine Person, die sie anfangs nicht leiden kann. Bald erkennt sie die Ehrlichkeit und die Fähigkeiten der anderen an, gibt ihr Mißtrauen auf und öffnet sich. Gelingen.

Oben eine Neun:
Innerer Gegensatz.
Sie verändert sich und wächst.

Innerer Gegensatz: Alles, was die anderen sagen und tun, erregt Mißtrauen. Sie verschließt sich, wird defensiv und fängt Streit an. Meditation und Suche nach Bewußtsein helfen ihr, ihren Irrtum zu erkennen. Die Erhabene Frau findet keinen Makel daran, sich zu entschuldigen. So lösen sich die Spannungen.

39. Gien - das Hemmnis

— —
——— oben: Kan - das Wasser, das Abgründige, der Kelch
— —

———
— — unten: Gen - der Berg, das Stille Halten
— —

Vorne Wasser, hinten der Berg. Gien ist Das Bild des Hemmnisses. Die Erhabene Frau ist in einer Situation, in der sie weder vor noch zurück kann. Der Berg symbolisiert das Stille Halten, nur durch Stille und Warten kann die Erhabene Frau Gelingen erwirken. Hindernisse sind da, um überwunden zu werden. Ein Erdrutsch behindert eine Frau beim Pflügen und Pflanzen. Sie kann die Felsen und Erdmassen nicht allein bewegen. Sie sucht nach einer Möglichkeit, das Hindernis zu beseitigen. Sie sucht die Hilfe der Schwestern, zusammen können sie es schaffen. Die Erhabene Frau hält sich an Entscheidungen. Das Hindernis wird beseitigt oder genutzt.

DAS ZENTRUM

Sie bleibt beharrlich und ist erfolgreich.

Hindernis.
Rückzug ist Vordringen.
Gelingen.

Die Hindernisse sind überwältigend. Allein zu handeln, hat keinen Sinn. Rückzug ist erforderlich. Durch die Hilfe der anderen Frauen, Freundinnen, Schwestern, Mütter kann die erhabene Frau die Herausforderung erneut annehmen und Erfolg haben.

DAS BILD

Wasser und Berge:
Hindernisse.
Die Erhabene Frau
Überwindet sie.

Ein Hindernis zu bewältigen, macht eine Frau stark und unabhängig. Sie läßt sich auf Herausforderungen ein und wächst dabei. Die Erhabene Frau ist für ihr Tun allein verantwortlich. Hindernisse beseitigt sie von innen heraus. Sie verbessert ihre Situation, indem sie bewußt handelt.

DIE BEWEGUNG

Am Anfang eine Sechs:
Sie hält sich zurück.
Kein Makel.

Eine Frau, die einem Hindernis gegenübersteht, springt nicht einfach, ohne nachzudenken, hinein. Sie hält sich zurück, bis sie die Sache überschaut. Indem sie das Problem von allen Seiten betrachtet, handelt die Erhabene Frau richtig.

Sechs auf dem zweiten Platz:
Konflikte drohen.
Aber es sind nicht ihre eigenen.

Hindernisse, die im Weg liegen, werden direkt angegangen. Die Erhabene Frau zögert nicht, zu Hilfe zu kommen, wenn sie von Frauen der Gemeinschaft darum gebeten wird. Sie gerät ohne eigenes Zutun in diese Situation der Herausforderung. Doch weil sie entschlossen und überlegt handelt, triumphiert sie.

Neun auf dem dritten Platz:
Sie kennt und schätzt ihren eigenen Wert.
Großes Gelingen.

Die Erhabene Frau handelt im Freundschaftsdienst anderer Frauen, aber sie geht keine unnötigen Risiken ein, das würde ihnen nicht helfen. Sich selbst zu opfern, ist mutig und meistens sinnlos, denn die anderen, die ihre Hilfe eigentlich brauchen, bleiben zurück. Die Erhabene Frau erreicht, was möglich ist. Sie lernt, vorsichtig zu sein, und kennt ihre Stärke und ihren Wert.

Sechs auf dem vierten Platz:
Hilfe von den Schwestern.
Beharrlichkeit bringt Gelingen.

Das Hindernis ist zu groß, als daß es allein beseitigt werden könnte. Die Erhabene Frau erkennt das und bittet ihre Schwestern um Hilfe. Sie warten und handeln zusammen und erreichen ihr Ziel.

Neun auf dem fünften Platz:
Ernste Schwierigkeiten.
Die Frauen antworten.

Die Erhabene Frau kommt in einer Zeit der Krise ihrer Schwester zu Hilfe, ohne Hindernisse oder Schwierigkeiten zu scheuen. Sie handelt selbstlos für andere und findet selbst Hilfe und Rat. Gefahren und Hindernisse können durch die vereinte Hilfe der Frauen entschärft werden.

Oben eine Sechs:
Eine Weise Frau kehrt zurück.
Kein Makel.

Eine Weise Alte, die sich in die Einsamkeit zurückgezogen hatte, kehrt zurück in die Gemeinschaft, obwohl die Versuchung groß ist, in Zeiten der Krise und der Hindernisse für sich zu bleiben. Sie sondert sich aber nicht von der Gefahr ab, in der ihre Schwestern sind, sondern erkennt, daß die Gefahr auch sie bedrohen wird. Sie wird wieder aktiv und hilft mit, daß die Sache der Frauen gelingt. Wenn die Krise beendet ist, kehrt die Weise Frau in die Einsamkeit zurück und wird von der Liebe und dem Respekt der Schwestern begleitet.

40. Hie - die Befreiung

— —
— — oben: Dschen - das Erwachen, der Donner, das Erregende
———

— —
——— unten: Kan - das Wasser, das Abgründige, der Kelch
— —

Hie beschreibt die Befreiung von Hindernissen und Gegensätzen der Zeichen 38 und 39. Nach dem Konflikt kommt die Lösung, nach den Wehen die Geburt, die Wiedergeburt. Hier wird die Befreiung von Druck und Frustration beschrieben. Das Rad dreht sich, alles wird leichter, eine Zeit der Gefahr endet mit Erleichterung. Eine Frau liegt in den Wehen. Ihre Freundinnen wachen mit ihr und helfen ihr durch die Nacht. Als sich der Kopf der Tochter zeigt, macht sich Erleichterung breit, der Höhepunkt der Anstrengung ist überwunden. Wehen und Schmerz enden mit neuem Leben.

Das Zentrum
Nachlassen der Spannung. Veränderung beginnt.

> Befreiung.
> Das Rad dreht sich.
> Sie wandelt sich und fließt.

Das Hexagramm beschreibt eine plötzliche Erleichterung in einer Streßsituation. Die Erhabene Frau kehrt erfrischt zu ihren täglichen Verrichtungen zurück. Sie hat neue Kraft, großes Gewicht ist von ihr genommen. In ihrer Erleichterung vermeidet die Erhabene Frau Übertreibungen. Sie prahlt nicht damit, daß sie alles besser gewußt hat. Sie feiert mit ihren Schwestern und kehrt zurück zu ihren Belangen. So erlangt sie der anderen Achtung.

Das Bild

Donner und Regen.
Das Bild der Befreiung.
Die Erhabene Frau
Ist ein Regenbogen.

Dschen ist der Donner und Kan das Wasser. Ein Sturm mit Regen klärt die Atmosphäre. Der Donner verklingt, der Regen versiegt, die Erde ist gereinigt und beginnt einen neuen Zyklus. Die Erhabene Frau läßt ihre früheren Einwände fallen und befreit sich von alten Hemmnissen. Sie dreht sich in der Spirale weiter und ist erleichtert. Aus dem Ende kommt ein Neuanfang: Ein Regenbogen erscheint am Himmel.

Die Bewegung

Am Anfang eine Sechs:
Heilung und
Erholung.
Befreiung.

Eine Zeit der Blockierungen, der Frustration und der Hindernisse ist vorbei. Die Erhabene Frau ist von allen Kämpfen befreit, sie leidet nicht mehr und findet köstlichen Frieden. Sie läßt Heilung in sich einfließen. Sie ruht.

Neun auf dem zweiten Platz:
Maßvolle
Stärke.
Ohne Makel.

Die Erhabene Frau erkennt, daß zur Befreiung ehrlich gekämpft werden muß und nicht geschmeichelt werden darf. Sie setzt ihre Kraft ein und zwingt ihre Gegner, Farbe zu bekennen. Sie erreicht ihr Ziel und wird gestärkt.

Sechs auf dem dritten Platz:
Sie nimmt,
Ohne zu geben.
Falsche Erleichterung.

Eine Frau nimmt die Hilfe ihrer Schwestern an, ohne selbst etwas dazuzutun. Sie genießt Heilung, Schutz und Wohlbefinden und nimmt ihre Erleichterung für selbstverständlich. Andererseits hilft sie nicht, wenn andere sie brauchen. Sie beugt sich den Stärkeren und tritt nach den Schwächeren. Die Erhabene Frau weiß, daß es Zeiten gibt, in denen sie nehmen, aber auch Zeiten, in denen sie geben muß. Sie lernt, zu geben und jede Frau für ihre individuelle Erscheinung zu achten. So ist ihre Befreiung im Gleichgewicht mit allen Dingen.

Neun auf dem vierten Platz:
Befreiung von
Abhängigkeit.
Sie ist stark.

Die Erhabene Frau erkennt, daß eine andere Frau zu abhängig von ihr geworden ist. Sie hilft ihr, wie verlangt, aber es ist höher einzuschätzen, wenn eine Frau der anderen hilft, unabhängig zu werden. Was eine selber tun kann, soll ihr die andere nicht abnehmen. Die Erhabene Frau gibt Kraft und bekommt Kraft, dieser Ausgleich läßt alle wachsen.

Sechs auf dem fünften Platz:
Sie befreit sich
Von Unsicherheit.
Sie wächst.

Rettung naht von innen: Die Erhabene Frau übernimmt Verantwortung für die Situation, in der sie ist, und findet Befreiung. Innere Vollkommenheit läßt das Unangenehme zurückweichen. Ihre Sicherheit und innere Stärke schieben Hindernisse aus dem Weg und bringen ihr Erfolg. Sie bestimmt ihr Leben und ihr Schicksal.

Oben eine Sechs:
Vom Hindernis
Befreit.
Sie ist frei.

Sie handelt mit Bewußtsein und Klarheit und ist frei. Sie findet die Antworten in ihrem Inneren und strahlt ihre Freiheit nach außen ab. Sie kennt ihre Mittel und kann ihr Schicksal selbst bestimmen, sich selbst erneuern. Ihre Befreiung bringt Heiterkeit, neue Ideen, und alles gelingt.

41. SUN - DIE MINDERUNG (DIE BESCHRÄNKUNG)

———
— — oben: Gen - das Stille Halten, der Berg
— —

— —
——— unten: Dui - das Heitere, der See
———

Sun ist der See am Fuß des Berges, Wasser unter der Erde. Der See ist das Heitere, Unschuldige, Nachgiebige. Der Berg ist fest und unbeweglich und gibt nicht nach. Das Stille Halten lehrt den See und richtet seine Bewegungen aus, das Wasser paßt sich der Erde an, fließt in alle Höhlungen und Wölbungen. Je weniger vom See abfließt, um so mächtiger wird er. So lehren die Mütter ihre Töchter, ihre Energien nicht ziellos zu verschwenden, sondern verantwortlich und absichtsvoll zu leiten.

DAS ZENTRUM
Zurückhaltung und Minderung. Sie wächst.

> Zurückhaltung.
> Die Spirituelle Frau
> Vermindert, um zu gewinnen.

Zurückziehen und Abnehmen sind Eigenschaften des Mondes und natürliche Kräfte im Universum. Die Botschaft dieses Hexagramms liegt darin, den richtigen Zeitpunkt für alles zu finden und wahrhaftig zu allem zu stehen, was geschieht. Eine Zeit der Armut oder der äußeren Not kann spirituelles Wachstum bringen. Wahrhaftigkeit, Verbundenheit mit allen Wesen ist der Schlüssel, um aus weniger mehr zu machen. Innere Kraft ist mehr als äußerer Schein. Auch in Zeiten der Beschränkung ist die Spirituelle Frau großzügig.

DAS BILD

> Der See am Fuß des Berges:
> Das Bild der Minderung.
> Die Spirituelle Frau
> Richtet sich nach der eigenen Kraft aus.

Wasser fließt grenzenlos, der Berg ist eine unbewegliche Kraft, die dem Wasser Grenzen setzt. Im Extrem ist der Berg felsig und voller Hindernisse, Wasser im Extrem hat Strudel und unerwartete Tiefen. Jedes Element gewinnt durch die Verminderung des anderen. Die Härte des Berges wird durch das Wasser aufgeweicht. Der See wird durch die Festigkeit des Berges gehalten. Durch Minderung und Beschränkung der äußeren Energien gewinnen beide.

Die Bewegung

Am Anfang eine Neun:
Geben und zurückhalten.
Die Schwestern sind rücksichtsvoll.

Wenn die Arbeit der Spirituellen Frau getan ist, kann sie einer anderen helfen, und sie arbeiten zusammen. Die Schwester sorgt sich: Ist ihre Helferin müde, kann sie zwei Aufgaben erfüllen? Übernimmt jede wirklich ihre Aufgabe? Spirituelle Frauen nutzen einander nicht aus und verschwenden ihre Kraft nicht. Weniger könnte jetzt mehr sein. Zuviel Hilfe könnte schaden.

Neun auf dem zweiten Platz:
Die Spirituelle Frau
Macht sich nicht kleiner.

Selbstbewußtsein, Zurückhaltung und Wahrnehmung sind Qualitäten der Spirituellen Frau, sie behält in allen Situationen ihre Würde. Sie bleibt unbestechlich und wahr und macht ihre Fähigkeiten nicht kleiner. Sie ist ein Gewinn für jede Gemeinschaft, weil sie sich nicht unterbewertet und keine Bestätigung sucht. Gutes Gelingen.

Sechs auf dem dritten Platz:
Drei Reisende,
Zwei Liebende.

Wenn drei Frauen zusammen ein Stück des Weges gehen, tauschen sie ihre Erfahrungen, ihr Wissen, ihren Spaß. Gefahr der Eifersucht. Eine erreicht ihr Ziel. Die anderen beiden schließen sich enger zusammen und werden Liebende.

Sechs auf dem vierten Platz:
Eine Frau vermindert ihre Irrtümer.
Die Schwestern helfen ihr.

Die Spirituelle Frau lernt, ihre Irrtümer zu erkennen und zu vermeiden. Ihre Schwestern sehen diesen Prozeß und unterstützen ihn. Die Spirituelle Frau besänftigt mit ihrer einfachen und wahren Art die Sorgen der anderen und ihre eigenen. Verantwortliche gerichtete Energie und Verminderung der Fehler bringen Gewinn für alle.

Sechs auf dem fünften Platz:
Zeit der Liebe.
Keine Minderung.

Eine Wirkung der Zurückhaltung ist Vermehrung. Wenn Energie verantwortlich eingesetzt wird und die Fülle der Liebe sich entfalten kann, lebt die Spirituelle Frau im Überfluß. Alle lächeln, die Freude ist ungetrübt. Kein Makel.

Oben eine Neun:
Sie gewinnt,
Ohne anderen zu nehmen.

Eine Priesterin bringt Kraft und Segen in die Gemeinschaft. Jede Frau kann eine Priesterin sein. Indem sie gibt, stärkt sie die anderen, indem sie ihre Fähigkeiten teilt und andere lehrt, wächst das Wissen der anderen. Wenn sie sich zurückzieht, um selbst zu wachsen, nimmt sie der Gemeinschaft nichts. Indem sie gewinnt, gewinnen alle.

42. I - Die Mehrung

———
——— oben: Sun - der sanfte Wind, das Holz
— —

— —
— — unten: Dschen - das Erwachen, der Donner, das Erregende
———

Hier ist die Zeit der erwachenden Göttin im späten Frühling beschrieben. Das Universum vereinigt sich mit der Erde. Die Zeit der sexuellen Kraft, des Loslassens, der Mehrung. Hoffnung erfüllt sich. Alles in der Natur spricht von Lust und Leidenschaft: Felder, Berge, Bäume, Vögel, sogar die Kinder. Alles scheint von innen heraus, alles hat ein geheimes Herz aus Dunkelheit, von dem die Macht ausströmt (Starhawk). Erwachender Donner und sanfter Wind sind ausgezogen, die Lebenskraft zu erwecken. Die Zeit ist Stier und Zwillinge im Tierkreis, der chinesische vierte Monat, Mai/Juni, von Beltane bis Sommersonnenwende im Hexenkalender. Frühling in voller Blüte währt nicht lange, und alles bricht aus in Fruchtbarkeit.

Das Zentrum

Loslassen und Gewinnen. Sie verschmilzt.

> Loslassen und Gewinnen.
> Sie vermischt sich
> Mit dem Blühen und Gedeihen.

In Zeiten des Rückzugs ist ein Zurückhalten oder Vermindern der Kraft positiv und bringt Gewinn (siehe Zeichen 41). In der Dualität von Loslassen und Gewinnen kommt der Erfolg durch das Loslassen des Ehrgeizes und durch Beharrlichkeit.

Die Erhabene Frau verbindet ihre Energien mit der Arbeit der Gemeinschaft und weiß, daß ihre Gelegenheit gekommen ist. Sie gibt sich hin, läßt ihre Kraft los und fließt in Freude mit ihrem Können. Die Blüte des Frühlings ist kurz wie jede Zeit der Erfüllung und des Loslassens. Das erkennt die Erhabene Frau und nutzt ihre Möglichkeiten gut aus.

Das Bild

> Frühlingswind und Donner:
> Loslassen.
> Die Erhabene Frau
> Gewinnt an Genauigkeit.

Der sanfte Wind und der erwachende Donner gewinnen, indem sie einander lassen, so wie die Erhabene Frau durch Wachheit und Selbstbewußtsein gewinnt und loszulassen lernt. Die Erhabene Frau sucht sich ein Vorbild und lernt von ihr, was sie kann. Wenn sie Irrtümer und Fehler bemerkt, hält sie nicht daran fest und befreit sich. Wenn sie sich eine Liebe sucht, wählt sie diese in Hingabe und Lust.

Innere Wahrnehmung, die die Seele wachsen läßt, ist die höchste spirituelle Mehrung.

Am Anfang eine Neun:
Sie fährt mit ihrer Arbeit fort.
Sie ist gesegnet.

Die Erhabene Frau bittet die Göttin um Hilfe und wird erhört. Sie nutzt ihre Mehrung, ihren Gewinn für Ziele, die sie vorher nicht erreicht hätte. Loslassen und Hingeben ist notwendig, um zu geben und zu dienen. Die Erhabene Frau, die ihren Segen teilen kann, erfährt Liebe und Gewinn.

Sechs auf dem zweiten Platz:
Sie gewinnt Harmonie
Durch Loslassen.

Die Erhabene Frau gewinnt, indem sie ihre Möglichkeiten zu handeln frei aufdeckt. Sie ist geerdet und ist sich ihrer Verbundenheit bewußt. Was sie erreicht, erreicht sie durch Zusammenarbeit und Bündnis. Indem sie losläßt, bleibt sie stark, stabil und verbunden.

Sechs auf dem dritten Platz:
Positives Leben.
Sie empfängt Liebe.

Die Zeit der Mehrung und des Loslassens ist so mächtig, daß sogar das Banale zum Besonderen wird. Die Erhabene Frau handelt aus ihrer balancierten Mitte heraus. Eine Liebe wächst und blüht, Zeiten der Hingabe und der Freude. Sie strahlt ihre Freude aus und steckt alle anderen an.

Sechs auf dem vierten Platz:
Sie geht den Mittelweg.
Mehrung.

Eine matriarchale Frau kann zwischen den Schwestern vermitteln und Konflikte verwandeln, so daß Einigung zustandekommt. Diese Gabe soll nicht zurückgehalten werden. Indem sie eingesetzt wird, bringt sie den Frauen Gewinn. Die Erhabene Frau geht den Mittelweg, vermittelt und erreicht eine Lösung.

Neun auf dem fünften Platz:
Sie gewinnt.
Kein Makel.

Die Erhabene Frau ist sanft und freundlich, ihre Schwestern lieben sie dafür und erkennen an, was sie tut. Die Gemeinschaft der Frauen stützt sie und gewinnt durch ihre liebevolle Präsenz.

Oben eine Neun:
Sie gibt sich hin
Und gedeiht in ihrer Fülle.
Die Erhabene Frau gibt sich hin und teilt großzügig. Sie fordert keinen Preis dafür, daß sie gibt.Sie gibt von Herzen und ohne Berechnung. Je mehr sie gibt, um so mehr fließt nach, um so reicher fühlt sie sich. Indem sie gibt, bringt die Erhabene Frau allen Gewinn, sie gibt sich hin und erfährt Liebe. Wohlstand und Mehrung für alle.

43. Guai - der Durchbruch

— —
——— oben: Dui - das Heitere, der See
———

———
——— unten: Kien - das Schöpferische, Himmel, Luft, Labrys
———

Das Zeichen bedeutet Fortschritt durch Lösung. Der See steigt über dem Universum auf. Das Höhere opfert sich, damit das Niedere wachsen kann. Das bedeutet ein inneres und äußeres Wachsen der Frauengemeinschaften. Es ist die Zeit des dritten chinesischen Monats, Widder und Stier in unserem Tierkreis, im Tarot stehen die Stabkarten für diese Zeit, im Hexenkalender ist es die Zeit von Frühlingstag- und Nachtgleiche bis Beltane. Die Flut der Lebenskraft bringt Liebe und Leidenschaft, die Göttin erneuert die Erde. Die Felder werden grün, die Luft ist frisch. Hindernisse lösen sich, werden von der Frühlingskraft weggefegt. Durchbruch steht bevor.

Das Zentrum
Lösung und Fortschritt. Vereinigung.

Sie erreicht
Vernunft und Leidenschaft.
Sie ist gelöst.

Leidenschaft und Vernunft können nebeneinander bestehen, Bewußtheit kontrolliert und ergänzt beide Kräfte. Die Erhabene Frau nimmt beide wahr, wählt sie bewußt.

Gelöstheit ist die Verbindung von Sanftheit und Sicherheit, Intellekt und Leidenschaft halten sich die Waage. Begehren fließt in der Erhabenen Frau, sie fließt mit dieser Kraft. Körper und Seele sind eins, sie erreicht den Durchbruch.

Das Bild

Der See über dem Universum:
Durchbruch und Fortschritt.
Die Erhabene Frau
Teilt ihre Erfülltheit.

Der See erhebt sich, um dem Himmel zu begegnen, und wird angenommen. Sie ist erfüllt von Leidenschaft und Begehren, und Fülle erzeugt Leere, ein Gesetz der Wandlung. Die Erhabene Frau fließt in ihrer Liebe. Wenn sie diese Liebe nicht teilen kann, verliert sie ihre Kraft, der Segen wandelt sich. „Die innere Macht ist die Macht der Dunkelheit. Die Macht, die von unserem Blut kommt." (Starhawk) Leidenschaft in der Liebe ist ein Geschenk der Göttin. In ihrer inneren Entwicklung bleibt die Erhabene Frau offen für Gelöstheit und Fortschritt.

Die Bewegung

Am Anfang eine Neun:
Sie wagt den Sprung.
Kein Makel.

Der Beginn einer Liebe ist mit Hindernissen gepflastert. Die Erhabene Frau handelt ohne Hast. Sie schätzt die Situation und ihre Kraft ein, ehe sie eine Bewegung macht, und sie geht vorsichtig vor. Sie ergründet das Wasser, ehe sie springt. Kein Makel.

Neun auf dem zweiten Platz:
Vorsichtiger Entschluß.
Sie nähert sich.

Entschlossenheit und Vorsicht sind gegensätzliche Kräfte, die einander unterstützen können. Die Erhabene Frau ist bereit, aber sie handelt nicht, ohne zu planen. Sie ist zu alternativen Annäherungsmöglichkeiten bereit und wird nicht unbewußt überwältigt. Begleitet von Respekt und Vernunft, erfüllt sich ihr Begehren zur rechten Zeit.

Neun auf dem dritten Platz:
Sie ist aufgelöst
In Gefühlen.

Die Erhabene Frau hält sich an das, was sie fühlt. Ihre Freundinnen teilen ihre Gefühle nicht, und sie ist mit einer Zeit der Einsamkeit und Enthaltsamkeit konfrontiert. Die Erhabene Frau bleibt bei ihrem Entschluß und treibt ihre Ziele voran. Obwohl sie Rückschläge erleidet, wird ihre Haltung schließlich gewürdigt, und sie bleibt nicht allein. (Was zu dir gehört, kommt sowieso, und was nicht zu dir gehört, kannst du nicht halten.)

Neun auf dem vierten Platz:
Unsicheres Vorgehen.
Sie leidet Schmerz.

Eine Frau wünscht sich, voranzukommen, aber die Zeit für ihren Durchbruch ist noch nicht gekommen. Sie ist mit Hindernissen und Streit konfrontiert. Innere Zweifel und ihre Sturheit verursachen Leid, aber sie kann nicht loslassen oder sich zurückziehen. Entschlossenheit zum Durchbruch ist jetzt nicht angesagt.

Neun auf dem fünften Platz:
Sie schwimmt
Im Fluß des Lebens.

Die Erhabene Frau ist eins mit dem Fluß des Lebens, sie ist mit allem verbunden, und ihr Begehren fließt zusammen mit der Kraft des Universums. Sie bleibt am Puls der Zeit, und ihre Sicherheit bringt Gelingen: Sie ist willkommen.

Oben eine Sechs:
Bedächtige Entschlossenheit.
Sie fließt.

Leidenschaft ist gelöst, Spannungen sind geklärt, keine Einzelheit blieb ungesehen oder unterschätzt. Die Erhabene Frau feiert, doch sie bleibt wachsam den Kräften gegenüber, die nicht so offensichtlich sind. Sie bleibt entschlossen und gewinnt ihre Liebe. Gelingen.

44. Gou - das Entgegenkommen

———
——— oben: Kien - das Schöpferische, Himmel, Luft, Labrys
———

———
——— unten: Sun - das Sanfte, der Wind, das Holz
— —

Das Hexagramm beschreibt die beginnende, noch nicht bemerkte Dunkelheit. In den beiden Trigrammen erhebt sich der Wind der Veränderung, um sich mit dem Universum zu vereinigen. Zwei Jahreszeiten kommen zusammen. Der Sommer zieht sich zurück und macht dem Herbst Platz, der Herbst verdunkelt sich zum Winter, der den neuen Frühling vorbereitet.

Gou ist Juni/Juli, der fünfte chinesische Monat, Kamuya und Kelemuya bei den Hopi. Das astrologische Zeichen Krebs und die Sommersonnenwende werden mit diesem Hexagramm beschrieben, die Mittsommernacht im Hexenkreis. Der längste Tag und die kürzeste Nacht bringen das Licht zum Höhepunkt, nun beginnt es wieder zu schwinden. Die Kachinas verlassen die Pueblos für sechs Monate, um in die Unterwelt zurückzugehen. Die herannahende Dunkelheit trifft die Sonne, die jetzt am höchsten steht.

Das Zentrum
Entgegenkommen bringt Heil.

> Entgegenkommen:
> Gleiches ergänzt sich.
> Die Frauen jubeln.

Gegensätze ziehen sich an und werden in ihrer gegenseitigen Ergänzung eins. „Das Wichtige am Yin/Yang-Symbol ist nicht das schwarze oder das weiße Feld oder die Art, wie sie ein Gleichgewicht herstellen oder verschieden voneinander sind. Der wichtigste Teil ist der Kreis, der beide vereint." (Gail Fairfield in *Choice Centered Tarot*, Seattle 1982, Seite 30) Alle Prinzipien sind Teil eines Ganzen und fließen mit dem Fluß des Universums.

Das Entgegenkommen hat große Bedeutung, denn die Begegnung findet zwischen den Jahreszeiten, zwischen Erde und Himmel statt. Wenn sich zwei in Liebe begegnen, blüht und gedeiht alles. In der traditionellen Übersetzung des I Ging von Richard Wilhelm heißt es im Urteil: Das Entgegenkommen. Das Mädchen ist mächtig.

DAS BILD

Unter dem schöpferischen Universum
Der sanfte Wind:
Das Bild des Entgegenkommens.
Vereinigung entsteht in der Bewegung.

Der Wind berührt alles unter dem Universum und verbindet Land und Himmel - somit wird alles vom Wind berührt. Die Wirkung des Entgegenkommens, der Begegnung zwischen Frauen, zwischen den Jahreszeiten, ist tiefgreifend. Ein sanfter Wind bewegt das Universum und erzeugt Veränderung. Indem sie sich begegnen, werden Erde und Himmel eins.

DIE BEWEGUNG

Am Anfang eine Sechs:
Vorsichtige Wachsamkeit.
Sie bleibt beharrlich.

Frauen beginnen ihr Schicksal in die Hand zu nehmen, indem sie bewußt handeln. Mit Vorsicht und Wachsamkeit achtet die Erhabene Frau auf Entwicklungen und wartet auf ihre Zeit. Manches muß schon im Anfang verhindert werden. Sie handelt nicht hastig.

Neun auf dem zweiten Platz:
Ruhige Zurückhaltung.
Kein Makel.

Die Erhabene Frau übt sanfte Kontrolle aus, sie wahrt Würde und Zurückhaltung bei allem, was sie tut. Durch ihr Bewußtsein der Spirale des Lebens, in der sich alles wiederholt, aber niemals gleich ist, durch ihr Geerdetsein geht sie richtig vor und bereut nichts.

Neun auf dem dritten Platz:
Unsichere Begegnung.
Sie nähert sich langsam.

Die Erhabene Frau ist in Versuchung, aus unklarer Leidenschaft zu handeln. Sie analysiert die Gründe für ihr Begehren und nähert sich in besserem Bewußtsein über ihren Zustand. Vorsichtig vermeidet sie, sich selbst oder anderen Schwestern Schmerz zuzufügen. In einer Zeit der Unsicherheit hat sie keinen Zugang zu ihren Tiefen und wartet, um zu verstehen. Sie nähert sich langsam und bedenklich und tut kein Unrecht.

Neun auf dem vierten Platz:
Kein Entgegenkommen.
Kein Makel.

Die Erhabene Frau tut nichts, was ihrer Liebe schadet und nicht willkommen ist. Sie wartet auf Übereinstimmung, wenn die nicht zustande kommt, handelt sie nicht. In gegenseitigem Respekt warten die Schwestern ab, bis sie sich begegnen können.

Neun auf dem fünften Platz:
Entgegenkommen in der Ordnung.
Erhabenes Gelingen.

Die Erhabene Frau schützt ihre Liebe und wird von ihrer Liebe geschützt. Sie begegnen sich in der Begegnung des sanften Windes und des Himmels, sie sind Yin und Yang, die im Kreis ein Ganzes bilden, und setzen ein gutes Beispiel.

Oben eine Neun:
Eine Frau wählt Zurückgezogenheit.
Kein Makel.

Eine Frau entscheidet sich gegen eine Begegnung, läßt sich nicht auf eine Liebe ein. Sie war verletzt und braucht eine Zeit der Heilung, eine Zeit des eigenen Raums und der Freiheit nur für sich selbst. Sie ist allein ganz und erfüllt. Obwohl andere Frauen sie für arrogant und anders halten, bleibt die Erhabene Frau korrekt. Sie geht ihren eigenen Weg und entscheidet selbst, wann es Zeit für eine Veränderung ist. Indem sie diesem Weg der universellen Harmonie folgt, findet sie Bestätigung und Frieden.

45. Tsui - die Sammlung

— —
——— oben: Dui - das Heitere, der See
———

— —
— — unten: Kun - die Erde, das Pentagramm, das Empfangende
— —

Tsui erinnert an das Hexagramm 8, Zusammenhalten. In diesem Hexagramm ist das Wasser über der Erde, in Tsui ist der See über der Erde. Wasser sammelt sich, um einen See zu füllen, und die Sammlung beschreibt die Versammlung von vielen Menschen im Gegensatz zur Vereinigung von zwei Liebenden. Deshalb beschreibt dieses Hexagramm am besten die Versammlung von Frauen in matriarchalen Gemeinschaften.

Das Zentrum
Frauen kommen zusammen. Die Gemeinschaft wächst.

Zusammenkommen
In einer Gemeinschaft.
Macht kommt
Im Rad des Lebens zusammen.

Wenn Frauen zusammenkommen, entsteht große Energie, die in immer neuen Formen wiederkehrt, egal ob das zwei Frauen als Liebende, ein Klan von Frauen oder eine Gruppe, spirituelle Covens, Arbeitsgemeinschaften sind, ob Frauen zusammenkommen, um am Feuer zu singen oder miteinander zu essen. Jede steuert etwas bei und lehrt die anderen. In matriarchalen Gemeinschaften ist jede Frau Lernende und Lehrende. Indem die spirituelle Arbeit der Frauen respektiert wird, indem Liebe zwischen den Frauen blüht, wird die Gemeinschaft gestärkt und kann nicht zersplittert werden. Es bedarf der Einigung, um große Veränderungen zu erreichen.

Das Bild

See über der Erde:
Das Bild der Sammlung.

Frauen sammeln sich
und werden gemeinsam stark.

Das Wasser im See steigt, bis es die Ufer überflutet: Die matriarchale Gemeinschaft fließt, bis sie zum Strom der Zeit wird. Frauen tun sich zusammen, leben, lieben, heilen und arbeiten zusammen. In gegenseitiger Achtung und Liebe liegt die Stärke der Frauen. Dieses Klima nährt jede einzelne, so kann sie Hindernisse und Gefahren überwinden. Selbstachtung führt zur Achtung der anderen.

DIE BEWEGUNG

Am Anfang eine Sechs:
Sie versammeln sich
Und erden ihre Kraft.

Frauen versammeln sich zu einem Neumondfest. Sie kennen sich noch nicht und trauen sich nicht. Sie sind noch keine Gruppe, gehören noch nicht zusammen, irritiert und ohne Konzentration sind sie noch ein wenig ratlos. Sie schließen sich zu einem Kreis zusammen und konzentrieren sich darauf, sich zu verbünden und zu erden. Sie bitten um Heilkraft und die Fähigkeit zu teilen. So wachsen sie zusammen.

Sechs auf dem zweiten Platz:
Innere Anziehung.
Offene Bestätigung.

Die hier beschriebenen Frauen spüren eine Anziehung zueinander, sie denken und fühlen auf derselben Ebene. Sie akzeptieren sich gegenseitig sofort und arbeiten gern zusammen. Die Arbeit an der Gemeinschaft entsteht aus einem tiefen inneren gegenseitigen Verständnis.

Sechs auf dem dritten Platz:
Sie kommt zu spät.
Sie wird aufgenommen.

Eine Frau will in einen Kreis von Frauen aufgenommen werden, aber sie hat zu lange gezögert. Sie bleibt in der Nähe, lernt und wartet. Wo sie kann, nimmt sie teil. In matriarchalen Gemeinschaften wird keine Frau ausgeschlossen oder ignoriert. Es gibt keine Elite und Rangniedrigere. So wird sie schließlich aufgenommen, wenn der Zeitpunkt stimmt.

Neun auf dem vierten Platz:
Die Versammlung.
Erhabenes Gelingen.

Die Erhabene Frau ruft ihre Freundinnen und Schwestern zusammen, um eine Angelegenheit gemeinsam zu lösen. Sie sucht nicht Selbstbestätigung, sondern hat das Wohl aller im Sinn. Das wird von den anderen Frauen anerkannt. Gemeinsam sind sie stark und tragen das Bild loyaler und solidarischer Frauen in die Welt.

Neun auf dem fünften Platz:
Sie sammelt die Schwestern um sich.
Kein Makel.

Alle Frauen in einer Gemeinschaft führen und folgen, doch für manche Probleme braucht es eine erfahrene Frau, die die Richtung weist. Für ihren gesunden Menschenverstand, ihre Zivilcourage, ihr Wissen wird sie von den anderen Frauen respektiert, keine mißtraut ihr. Ihre Integrität schließt aus, daß sie sich bereichern will.

Oben eine Sechs:
Die Sammlung:
Beharrlichkeit führt zum Ziel.

Die Erhabene Frau will mit einer anderen zusammenarbeiten, aber diese erkennt sie nicht an. Obwohl sie sich auf Verständnis und Einigung konzentriert, gelingt es der Erhabenen Frau nicht, die andere zu überzeugen. Sie bleibt beharrlich in ihrer Kraft. Indem sie immer wieder anbietet, was sie kann, erreicht sie in ruhiger Beharrlichkeit ihr Ziel.

46. Schong - der Baum des Lebens (das Emporgdringen)

— —
— — oben: Kun - die Erde, das Pentagramm, das Empfangende
— —

———
——— unten: Sun - das Sanfte, der Wind
— —

Schong stellt den Lebensbaum dar, die Kraft des Wachsens und zum Himmel Reckens, die alles erreicht. Das Wachstum kommt aus der Tiefe der Wurzeln und reicht bis in die Sterne. Für die Hopi ist der schöngewachsene Baum der Baum des Lebens, sie nennen ihn Salavi und ehren ihn jedes Jahr in der Niman Kachina-Zeremonie zur Sommersonnenwende. Salavi bringt Regen, die Quelle allen Lebens. Salavis Zweige sind hoch in den Wolken, sein Geist spricht mit den Wolken und bittet sie, Regen auf die Erde zu lassen.

DAS ZENTRUM

Der Lebensbaum. Sie streckt sich aus und erreicht alles.

Der Lebensbaum.
Emporstrecken.
Sie greift weit.

Zweige und Blätter berühren den Himmel, während die Wurzeln fest in der Tiefe verankert bleiben. Die Priesterin der Matriarchate reckt sich wie ein Baum und erreicht, was sie will. Harte Arbeit, durchdachte Entscheidungen bringen sie ihrem Ziel näher. So bleibt sie mit der Erde und den Sternen verbunden. In einer Zeit von Anstrengung und wohlüberlegter Handlung, kann eine Priesterin alles erreichen. Weiter noch als ihre Träume geht sie.

DAS BILD

Der Baum reckt sich hoch hinauf
Durch die Erde.
In Verbundenheit
Wächst die Frau.

In der Erde wächst der Baum heran, seine Wurzeln sind fest und stark. Langsam wird er höher. So reckt sie sich beharrlich und kommt langsam. Sie eilt nicht und macht keine Pause. Die Priesterin ist zuverlässig und sicher wie der Lebensbaum. Sie verliert nie ihr Vertrauen und hört nicht auf, emporzuwachsen.

DIE BEWEGUNG

Am Anfang eine Sechs:
Frühes Emporwachsen.
So gewinnt sie Mut.

Im Wachstum zieht die Weise Frau Kraft aus ihren Anfängen. Ihre Stärke kommt aus den tiefsten Wurzeln, das ist ihre spirituelle Basis. Wie ein Lebensbaum ist die Spirituelle Frau Erde und Himmel zugleich. Sie hat Mut, sich zu strecken und hoch zu wachsen.

Neun auf dem zweiten Platz:
Wildes Wachstum.
Sie lernt.

Eine Frau will zuviel, paßt sich ihrer Umgebung nicht an. Doch da sie ehrliche Absichten hat, findet sie Hilfe, obwohl die Aufgabe über ihre Kraft geht. Die Erhabene Frau lernt die Grenzen ihrer Macht.

Neun auf dem dritten Platz:
Sie greift nach den Sternen.
Kein Makel.

Hindernisse verschwinden. Die Priesterin streckt sich weit ins Universum hinaus, um ihre Träume zu erfüllen. Sie wächst mit ihrem Erfolg und bedankt sich mit kleinen Opfern. Sie erinnert sich an das Gesetz der Veränderung, feiert ihre Blüte, solange sie dauert.

Sechs auf dem vierten Platz:
Sie streckt sich nach der Gemeinschaft mit anderen.
Sie wird akzeptiert.

Die Erhabene Frau reicht weit hinauf, um die Ideale ihrer Gemeinschaft zu verwirklichen, sie gibt großzügig von dem, was ihr gehört. Sie wird von den anderen Frauen geehrt. Und indem sie geehrt wird, wird die universelle Kraft geehrt. Ein Fest für die Göttin.

Sechs auf dem fünften Platz:
Beharrliches Wachstum.
Gutes Emporkommen.

Die Erhabene Frau gewinnt an Wohlstand, wird aber von der Fülle nicht verdorben. Sie gibt weiter, was sie nicht braucht, bleibt bei klarem Bewußtsein und läßt sich vom Erfolg nicht korrumpieren. Beharrlichkeit ist ihr Mittel, stetig zu wachsen, ohne Rückschläge zu erleiden.

Oben eine Sechs:
Im Inneren emporsteigen.
Der Lebensbaum.

Um mit dem Emporkommen auch im Gleichgewicht zu bleiben, ist es nötig, nichts auf Kosten anderer zu tun, nach innen zu schauen, die eigenen Motive zu überprüfen. Erfolg ist nicht immer ein gerader Weg, und wer ohne innere Klarheit nach oben greift, wird zurückgeworfen. Der Baum verliert die Berührung mit dem Himmel, wenn er seine Wurzeln nicht fest in der Erde verankert. Durch Beharrlichkeit, durch gleichbleibende Arbeit ohne Kompromisse kann die Erhabene Frau Wachstum und Bestätigung finden und ihre Ziele erreichen.

47. Kun - die Erschöpfung (die Bedrängnis)

— —
——— oben: Dui - das Heitere, der See
———

— —
——— unten: Kan -- das Abgründige, das Wasser, der Kelch
— —

Das obere Trigramm ist der See, doch sein Wasser fließt nach unten ab. Das zeigt einen Zustand der Erschöpfung, Fülle und Nahrung sind zu Ende gegangen. Das Bett des Sees ist trocken. Erschöpfung dominiert im Augenblick. Nach der Fülle kommt die Leere. Wenn der Grund erreicht ist, füllt sich der See von neuem.

Der Zyklus einer Frau folgt dem Zyklus des Mondes. Wenn der Mond voll wird, zieht er sich in die Dunkelheit zurück, kommt wieder hervor und wächst. So wächst die Zeit im Leib der Frau und zieht sich zurück. Mondblut und die dunkle Zeit des Mondes sind heilige Zeiten, machtvolle, magische Zeiten. Leere und Erschöpfung sind in diesem Hexagramm die Voraussetzung, daß die Fülle wiederkommen kann. Wer voll ist, kann nichts Neues aufnehmen.

Das Zentrum
Erschöpfung. Sie entscheidet sich für die Fülle.

Erschöpfung und Leere.
Die Erhabene Frau
Wählt die Fülle
Und füllt sich neu an.

Die Erschöpfung ist das Gegenteil des Zeichens 46, Empordringen. Die Erhabene Frau erkennt sich jedoch in diesem Hexagramm und läßt sich wandeln. Sie wird von Herausforderung und Unglück nicht überwältigt. Dürre Zeiten sind Vorbereitung auf neue Nahrung. Sie bleibt ruhig und verbunden, so wendet sich der Zustand, und Erfolg kommt.

Das Bild

Wasser unter dem See:
Erschöpfung.
Die Erhabene Frau
Wird voll und klar.

Das Wasser hat den See verlassen, sein Bett ist trocken und erschöpft. Eine Zeit der Bedrängnis, der Herausforderung ist gekommen. Die Erhabene Frau läßt die Bedrängnis nicht siegen. Sie gestaltet ihr Schicksal durch heitere Geduld und Optimismus, ihre Zuversicht ist stark, in Zeiten der Dürre ist sie hellsichtig und erleuchtet. Die Erhabene Frau geht ihren Weg und gibt ihrem Leben eine Wende.

Die Bewegung

Am Anfang eine Sechs
Unter Bedrängnis
Ist sie erschöpft.
Für lange Zeit.

In einer Zeit der Bedrängnis füllt sich die Erhabene Frau von innen heraus, aus ihrer eigenen Weisheit, neu an. Wenn sie nicht geerdet ist und nicht bei dem bleibt, was sie weiß und hat, läuft sie leer und verliert ihre Quellen. Sie geht unter einem mächtigen schwarzen Mond und hat ihre Talente und Gaben aus den Augen verloren. Sie ist deprimiert und nimmt ihr Leben nicht in die Hand. Was andere über sie sagen, ist ihr wichtiger und raubt ihr Kraft. Die Erhabene Frau steht zu sich und kämpft.

Neun auf dem zweiten Platz:
Sie ist erschöpft,
Obgleich sie voll ist.
Sie bietet Gaben an.

Die Erhabene Frau ist deprimiert und erschöpft, die tägliche Routine saugt sie aus. Obwohl sie erfolgreich ist, verhungert sie in der Fülle. Rettung ist nicht in Sicht.

Sie gibt den Wesen der Natur kleine Geschenke und bietet ihre Fähigkeiten Frauen an, denen sie damit helfen kann. Alles kommt in Fluß, so fühlt auch sie sich erfüllt.

Sechs auf dem dritten Platz:
Die Erhabene Frau
Ist nicht erschöpft.
Sie ist stark.

Die Erhabene Frau findet in der Fülle keine Erschöpfung, weil sie maßvoll in der Zeit des Überflusses bleibt. Sie ruht im Gesetz der Natur. Sie verläßt sich auf das, was sie sicher weiß und hat, und gerät nicht in Treibsand.

Die Erhabene Frau handelt bestimmt und weiß, warum sie handelt. Durch ihr Zentriertsein und ihren Mut kann sie sich mit jeder Herausforderung und jeder Bedrängnis konfrontieren, ohne unterzugehen. Sie steuert ihr Schicksal selbst.

Neun auf dem vierten Platz:
Sie füllt sich langsam
Ohne Selbstrespekt.
Am Ende kein Makel.

Eine Frau macht sich ihre Bedürfnisse bewußt und versucht, sie zu erfüllen, aber sie ist darin schüchtern und unentschlossen in der Ausführung ihrer Pläne. Durch ihre Unsicherheit folgt sie allem möglichen, anstatt sich selbst zu führen. Sie kommt nicht mehr vor oder zurück. Ihre Absichten sind klar und gut, und so ist die Verzögerung nur kurze Zeit wirksam. Sie erkennt, daß die Kraft in ihr selbst liegt, sie handelt und erfüllt ihre Ziele.

Neun auf dem fünften Platz:
Sie ist erschöpft
Und gewinnt keinen Einfluß.
Beharrlichkeit ist förderlich.

Die Erhabene Frau hat ehrliche Absichten und sieht klar, aber ihr Einfluß auf andere Frauen ist gering. Sie findet kein Gehör und keine Verbündeten und erschöpft sich. Bis sie sich besser vermitteln kann, schöpft sie Kraft aus sich selbst.

Oben eine Sechs:
Sie ist geschwächt.
Unsicherheit.
Späte Erfüllung.

Die Erhabene Frau wird von Niederlagen der Vergangenheit deprimiert und zurückgeworfen. Obwohl ihre Blockierungen sich auflösen, fühlt sie sich noch nicht frei und stark. Wenn sie ihre Situation erkennen kann, wird sie ihre Ziele neu formulieren, ihre Gegenwart leben und durch ihre Handlungen die Vergangenheit korrigieren. Die Erhabene Frau handelt positiv. Erfüllung kommt durch ihre eigenen Entscheidungen.

48. Dsing - der Brunnen

— —
——— oben: Kan - das Wasser, der Kelch, das Abgründige
— —

———
——— unten: Sun - das Sanfte, der Wind, das Holz
— —

Wasser steigt über dem Holz auf, das ist das Bild des Baums, der aus der Tiefe der Erde Wasser in seine Wurzeln zieht und es nach oben verdunstet, so daß es regnen kann. In einem Brunnen zieht die Holzstange das Gefäß mit dem Wasser hoch. So wird der Brunnen zum Kelch, der die Durstige mit Wasser versorgt. In China wurde mit Holzstangen das Wasser in Tonkrügen aus dem Brunnen gehoben. Der Brunnen, die Quelle bedeuten im übertragenen Sinn die spirituelle Kraft und das innere Wissen, die Fülle der Göttin.

Das Zentrum

Der Brunnen. Er ist für alle da.

Die Quelle versiegt nicht.
Frauen sammeln sich am Brunnen.
Nahrung für alle.

Der Brunnen, aus dem Frauen Trinkwasser und Wasser zum Kochen und Waschen oder für den Garten holen, ist das Zentrum matriarchalen Lebens. Frauen gehen dorthin, um sich spirituelle Kraft zu holen, um zu reden, sich auszutauschen. Und der Brunnen versiegt nicht.

In einer solchen Gemeinschaft wird jede genährt, alles ist im Gleichgewicht, darum versiegt die Quelle nicht. Der Durst der Frauen bleibt nicht ungelöscht - keine Verschwendung. Der Brunnen steht auch für die Quelle von Wissen und Erfahrung. So lehren die Mütter die Töchter.

DAS BILD

Wasser über dem Holz.
Der Brunnen.
Die Schwestern
Nähren die Frauengemeinschaften.

Die Wurzeln des Lebensbaumes bringen Wasser aus der Erde, und der Baum dient als lebendige Quelle. Alles, was lebt, wird vom Wasser genährt, das durch Holz aufsteigt. Frauen arbeiten, um die Welt zu nähren.

DIE BEWEGUNG

Am Anfang eine Sechs
Sie trinkt nicht
Aus dem Brunnen.
Sie ist durstig.

Eine Frau verweigert sich der klaren Einsicht - ihre Quelle ist verschlammt. Sie findet den Weg zum klaren Wasser nicht mehr. Ihre Schwestern können ihr nicht helfen. So wandert sie durch ihre Wüste, bis sie zu ihren Anfängen zurückfindet. Sie hat ihre spirituelle Kraft und ihr Vertrauen zu Frauen verloren und reist allein, bis sie sich erinnert.

Neun auf dem zweiten Platz
Der Brunnen
Ist nicht entdeckt.
Die Frauen sind durstig.

Da ist eine klare Quelle, aber sie wurde noch nicht gefunden, und alle Frauen dürsten. Die Ernten bleiben aus, die Töchter leiden. Da ist keine Nahrung für die Frauen. Wenn Frauen ihre spirituelle Kraft nicht entdecken und nicht wissen, wo ihre wahre Macht liegt, kämpfen sie einen sinnlosen Kampf.

Neun auf dem dritten Platz:
Die Quelle ist entdeckt.
Aber keine trinkt daraus.
Große Trauer.

Die Quelle ist bekannt, aber die Frauen trinken nicht aus ihr. Die spirituelle Kraft der Frauen wird nicht genutzt. Trauer und Kraftverschwendung kennzeichnen diese Zeit. Alle gewinnen, wenn die Quelle der Kraft genutzt wird.

Sechs auf dem vierten Platz:
Die Weise Frau
Sucht die Quelle.
Erhabenes Gelingen.

Eine Weise Frau zieht sich zurück, um die Quelle zu suchen, sie arbeitet allein, was für alle Frauen potentielle Wohltat ist. Denn wenn sie zurückkehrt, um ihr Wissen zu teilen, hat sie mehr Klarheit, und alle profitieren. Ihre Schwestern bereichern sich.

Neun auf dem fünften Platz:
Die klare Quelle nährt.
Reiner Fluß.

Eine saubere, klare Quelle ist wie eine Frau, die ihre spirituellen Fähigkeiten und Kenntnisse weiß und nutzt. Sie fließt und nährt alle. Aber das Wasser muß geschöpft und gebraucht werden, sonst trübt es sich ein.

Oben eine Sechs:
Frauen versammeln sich
An der Quelle.
Segen.

Der Brunnen nährt alle, keine Frau bleibt durstig. Die Fülle ist für alle bestimmt. Wasser steigt aus der Erde auf, und alle trinken. Grenzenlose Nahrung ohne Ansehen der Person kennzeichnet den Brunnen. Je mehr geholt wird, um so reiner wird das Wasser und um so mehr fließt nach. Segen fließt.

49. Go - die Umwälzung (Transformation)

— —
——— oben: Dui - das Heitere, der See
———

———
— — unten: Li - das Feuer, der Stab, das Haftende
———

Die zwei Trigramme stellen Feuer und Wasser dar, gegensätzliche Elemente, die sich nicht vermischen, nicht ineinander aufgehen. Dadurch ist das Ergebnis ihres Zusammentreffens Veränderung und Transformation. Ohne sie folgt Zerstörung. Die Erhabene Frau weiß, wie sie sich innerhalb dieser Gegensätzlichkeiten entscheiden muß, und bestimmt ihr Schicksal. In jedem Schritt, der getan, jedem Wunsch, der ausgesprochen wird, liegt eine Veränderung, die bedacht werden muß. Go spiegelt wie die Tarotkarte „Die Gehängte" Veränderung und Heilung. Die Erhabene Frau kommt aus diesem Prozeß stärker und gefestigter hervor.

Das Zentrum
Veränderung zu ihrer Zeit. Sie wächst.

> Umwälzung und Transformation.
> Zu ihrer Zeit
> erreicht sie Reife
> Und Frieden.

Jede tiefgreifende Veränderung bringt auch Bedrohung mit sich, aber ohne Umwälzung gibt es kein Wachstum. In der Natur existiert kein Stillstand. Die Erhabene Frau ist sich über die zyklischen Veränderungen klar. Sie ist verwurzelt und beständig, so werden Zeiten von Veränderung und Umwälzung Zeiten des Wachstums.

Das Bild

> Feuer über Wasser.
> Das Bild der Transformation.
> Die Erhabene Frau
> Paßt sich der Bewegung der Natur an.

Die Zeiten ändern sich und mit ihnen das Leben. Die Jahreszeiten ergeben Jahre und Jahrhunderte. Die junge Frau wird zur Mutter und zur Weisen Alten. Diese Transformationen können nicht aufgehalten werden, die Weise Frau weiß das. Sie lernt, sich anzupassen und in jeder Zeit ihre Kraft zu leben. Sie handelt aus freiem Willen, gibt sich der Umwälzung hin und findet im Chaos ihre Ordnung.

DIE BEWEGUNG

Am Anfang eine Neun:
Frühe Veränderung.
Sie ruht in sich.
Kein Makel.

Veränderungen entstehen an der schwächsten Stelle. Das sind keine leichten Zeiten. In der beginnenden Konfusion bewegt sich die Erhabene Frau umsichtig und verliert sich nicht in sinnlosen Aktivitäten. Sie bleibt in ihrer Mitte, im Bewußtsein der Veränderungen in der Natur, und wartet auf die richtige Zeit zum Handeln.

Sechs auf dem zweiten Platz:
Umwälzungen
Zur eigenen Zeit.
Beginnende Aktionen.

Es ist die Zeit der Umwälzungen, die Kraft der Frauen wird stärker, eine Transformation ist unausweichlich, und die Schwestern sind bereit. Jede Handlung muß gut überlegt sein.

Neun auf dem dritten Platz:
Dreimal
Im Kreis.
Veränderung.

In einer Zeit der Umwälzung muß besonders vorsichtig und bedacht gehandelt werden, Frauen müssen die Situation genau analysieren und nicht die Zeichen der Zeit mißachten. Wenn ein Thema dreimal auftaucht und die Gemeinschaft beschäftigt, sind alle einverstanden, daß es bearbeitet wird. Umwälzung bleibt nicht aus.

Neun auf dem vierten Platz:
Die Erhabene Frau
Unterstützt
Die positive Veränderung.

Veränderungen in Frauengemeinschaften finden nur in gemeinsamem Einverständnis statt. Die natürliche Autorität der Mütter bringt allen Gewinn. Die Erhabene Frau unterstützt Veränderungen zum Guten, auch wenn sie unbequem sind.

Neun auf dem fünften Platz:
Sie geht und strahlt.
So gewinnt sie
Die Unterstützung der Schwestern.

In Zeiten der Veränderung ist die Erhabene Frau ganz bei ihrer Kraft und strahlt das aus, so wird sie zur natürlichen Autorität für andere, und alle folgen ihr. Es gibt Einverständnis, und alle unterstützen sie.

Oben eine Sechs:
Ein Ding
Verwandelt sich in ein anderes.
Beharrlichkeit bringt Gelingen.

Nach großen Umwälzungen ändern sich auch die kleinen Dinge. Die Erhabene Frau ist sich über das Ausmaß der kommenden Veränderungen klar und übt keinen Druck aus. Neues Wachstum kommt aus der Basis des Alten. Die Tiere mausern sich und bilden ein neues Fell auf der alten Haut. Das ist keine tiefgreifende Veränderung. Die Erhabene Frau will nichts erzwingen. Sie steuert die Veränderung so langsam, daß sich das Neue ansammeln und wachsen kann.

50. Ding - der Kessel (der Tiegel)

———
— — oben: Li - das Feuer, der Stab, das Haftende
———

———
——— unten: Sun - das Sanfte, der Wind, das Holz
— —

Ding ist der Kessel der Cerridwen, zusammengesetzt aus den zwei Trigrammen Feuer über Holz. Wie das Gegenzeichen 48, der Brunnen, ist hier ein menschengemachtes Objekt gezeigt, das sowohl irdische als auch universelle Bedeutung hat, indem es nährt und etwas hervorbringt. Während die Quelle oder der Brunnen im übertragenen Sinn die spirituelle Kraft der Frauen und ihre Nahrung bedeutet, ist der Kessel, der Kochtopf, der Tiegel ein Symbol für Geburt, Tod und Transformation, aber auch für die Nahrung von Geist und Körper.

Wenn sich Frauen in einem Kreis versammeln, ist der Kessel der Cerridwen dic Mitte. Sie ist Hekate, Morrigan, der dunkle Mond, die Weise Alte. Sie ist der Mittelpunkt, der Augenblick voller Konzentration auf Wiedergeburt und Wandlung. Sie ist die Essenz jenseits der vier Elemente, die Macht, die kommt. Frauen begeben sich in den Kessel, um sich zu erneuern, zu sterben und wiederzukehren. In der Hopi-Nation heißt der Kessel sipapu, der Leib der Erde, durch den alles reisen muß, was hervorkommen will und die Welt verläßt.

DAS ZENTRUM

Kessel der Cerridwen. Das Rad dreht sich.

> Sie verändert
> Alles, was sie berührt.
> Und alles, was sie berührt
> Verändert sich. (Starhawk)

Der Kessel ist ein dreibeiniger Bronzetopf, der auf dem Holzfeuer steht. In den chinesischen Tempeln repräsentiert er die Ahninnen und Großmütter. Essen, das in diesen Kesseln gekocht wird, geht an die Teilnehmerinnen heiliger Rituale. So wie Feuer und Wasser Gemüse und Kräuter in nahrhafte Suppe verwandeln, wandelt der Geist den Körper zum Tod und zum Leben. Das Symbol des Kessels ist zwischen den Welten angesiedelt und zeichnet das Gesetz des Universums. Alles unterliegt der Wandlung. Nichts bleibt, wie es ist.

DAS BILD

> Feuer unter dem Holz:
> Der Kessel der Cerridwen.
> Die Erhabene Frau
> Geht daraus hervor und wandelt sich.

Feuer brennt durch Luft und Holz, Holz ist Erde und Wasser. Die Elemente arbeiten zusammen. Mit Brennstoff und Feuer unter dem Kessel kann Nahrung entstehen.
Das Leben selbst unterliegt diesen Wandlungen, das eine muß vergehen, um das andere zu nähren. Die Erhabene Frau versteht ihre Rolle im Lebensrad und wehrt sich nicht gegen die Wandlungen.

DIE BEWEGUNG

Am Anfang eine Sechs:
Die Tochter kommt hervor
Und wird willkommen geheißen.

Der Tiegel ist umgedreht. Wenn auch nichts enthalten ist, so wird er doch gereinigt. Die Tochter wird geboren. Die Frauen heißen sie willkommen. Auch wenn sie noch jung und unwissend ist, bringt sie doch wichtige Impulse für die Gemeinschaft.

Neun auf dem zweiten Platz:
Ihre Schwestern sind reserviert.
Aber kein Schaden entsteht.

Eine Tochter geht ganz in ihrer Traumwelt auf und weiß nicht, ob sie all diese Sehnsüchte überhaupt realisieren kann. Die Schwestern sind reserviert. Aber sie bleibt gutwillig und gewinnt ihre Liebe. Ihre Unerfahrenheit und ihre Unschuld haben zur Folge, daß sie geschützt und unterstützt wird.

Neun auf dem dritten Platz:
Die Tochter kommt mit ihrem Können heraus.
Sie wird anerkannt.

Die Tochter ist noch jung, und ihr Können wird nicht erkannt. Eine Mutter entdeckt es und beschließt, sie zu lehren und anzuleiten. So gewinnt die Tochter an Sicherheit, findet ihr Ziel und kann ihre Fähigkeiten ausbauen.

Neun auf dem vierten Platz:
Sie versucht, erleidet aber eine Niederlage.
Sie ist jung.

Die Tochter steht vor einer Herausforderung, der sie nicht gewachsen ist. Sie überschätzt ihre Kräfte und richtet Schaden an, weil sie sich nicht helfen läßt. Ihre Schwestern sind ungehalten, die Mütter warten. Die Tochter ist noch jung, die Zeit wird kommen, wo sie besser weiß, was sie tun muß.

Sechs auf dem fünften Platz:
Die Tochter sucht
Das Wissen der Mutter.
Die Mütter sind da, um den Töchtern zu helfen, und die Töchter, die sich helfen lassen, werden stärker und verständiger. Mit einer gemäßigten Lehrerin lernt die Tochter selbst Maß zu halten. Sie wird gelobt und unterstützt. Sie wird weise, weil sie beharrlich ist.

Oben eine Neun:
Sie erreicht höhere Ebenen.
Gelingen und Segen.
In der fünften Linie des Hexagramms nimmt die Tochter die Lernprozesse an, hier, in der sechsten Linie, vermischt sich das Gelernte, die Erfahrung der Alten mit der Kraft der Tochter. Sie strahlt Wissen und Klarheit aus, öffnet sich der Göttin. Schwestern und Mütter unterstützen sie. Frauengemeinschaften bauen auf die Töchter. Segen!

51. Dschen - das Erregende (das Erwachen)

— —
— — oben: Dschen - das Erregende, der Donner, das Erwachen
———

— —
— — unten: Dschen - das Erregende, der Donner, das Erwachen
———

Das Trigramm Dschen wird in diesem Hexagramm wiederholt, es bedeutet den Donnerschock des Erwachens. Die Erleuchtung. Die starke Linie unter den zwei weichen Linien steht für Bewegung nach außen, für Expansion. Die Gefühle, die beim Erwachen der spirituellen Kraft in Frauen freigesetzt werden, haben eine durchschlagende Wirkung. Heiterkeit und Furcht vor den grenzenlosen universellen Kräften schütteln die Frauen.

Mit ihrem Wachstum setzt die junge Frau ihr Heilpotential und ihre beginnende Macht frei. Das Erwachen ist ein Geschenk der Göttin, ein Beginn, der durch den Donnerschlag symbolisiert wird.

Das Zentrum

Spirituelles Erwachen. Große Freude.

Erwachen.
Die Tochter lernt
Innere Wahrnehmung.
Sie ist gesegnet.

Das Erwachen kommt von der Göttin und kommt wie ein Schock. Die Macht ist groß und unbekannt, aber der Schreck der jungen Frau ist kein Unglück. Sie lernt und bleibt innerlich fest, nutzt ihre Fähigkeiten zum Wohle aller und ist voller Heiterkeit und Freude.

Das Bild

Fortgesetzter Donner.
Erwachen.
Die Tochter schaut nach innen.

Die Tochter erwacht und nimmt die Macht der Göttin wahr, die sich in jedem Wesen zeigt. Sie findet ihren Platz auf der Erde. Sie öffnet sich für neue Impulse. Ihr Erwachen verändert ihr Leben und bringt sie in Einklang mit dem Universum.

Die Bewegung

Am Anfang eine Neun:
Erwachen!
Sie beginnt.

Der Schock des Erwachens und Erkennens ist so groß, daß die Tochter überwältigt ist. Ihre Angst währt aber nicht lang, als sie zu verstehen beginnt. Sie lernt, was alles in ihr steckt und wie sie diese Kräfte nutzen kann. So wächst sie mit Hilfe der Mütter und gewinnt Selbstvertrauen, Kompetenz und Sicherheit.

Sechs auf dem zweiten Platz:
Erwachen unter großem Druck.
Kein Makel.

Der Schock des Erwachens gefährdet für eine Weile ihre Stabilität. Große Veränderungen bringen große Reaktionen. Die Tochter will handeln. Sie blockiert ihre Gefühle nicht, sondern akzeptiert die

Veränderung. So wird sie gefestigter als zuvor. Was sie verloren hat, gewinnt sie durch neue Erfahrungen vielfach.

Sechs auf dem dritten Platz:
Erschütterung.
Sie lernt zu handeln.

Am Anfang widersteht die Tochter, sie verliert ihr Selbstvertrauen und zögert. Wenn sie sich entspannt und ihre Kräfte fließen läßt, kontrolliert sie ihre Erschütterung und lernt die Bedeutung des Erwachens verstehen. So gewinnt sie an Eigenmacht.

Neun auf dem vierten Platz:
Gebremstes Erwachen.
Zeitweise Blockierung.

Das Erwachen kommt, wenn ihre Zeit reif ist. Die sanfteste Entwicklung kann eine Tochter durchlaufen, wenn sie eine gute Lehrerin hat. Bis dahin zieht sich die Tochter zeitweise zurück und kommt allein nicht weiter. Diese Wartezeit schadet ihr nicht. Die Göttin beschützt sie, und das Universum gibt ihr Kraft.

Sechs auf dem fünften Platz:
Sie erwacht
Und ist in ihrer Mitte.

In einer Zeit wiederholter großer Erschütterungen steht eine junge Frau unter großem Druck. Sie ist nicht in Gefahr, es geschieht ihr kein Leid, und so schafft sie es mit der Zeit, ihre Mitte zu finden und sich zu konzentrieren. Nun ist sie von den Stürmen ihres neuen Bewußtseins nicht mehr aus der Bahn geworfen und erkennt ihren Platz im Lebensrad. Mütter und Priesterinnen ermutigen sie.

Oben eine Sechs:
Große Erschütterung.
Sie fließt.

In einer Zeit der Erschütterung und der Gefahr verliert sich die junge Frau eine Zeitlang. Doch dann kehrt ihre Kraft zehnfach zurück. Anfangs hat sie Angst, ihre neue Macht einzusetzen. Dann wird sie von einer Frau unterwiesen und ist bereit zum Handeln. Ihre Absichten sind rein, und ihre Handlungen spielen sich auf guten Wegen ab. Die Tochter wird zur Erhabenen Frau mit der Kraft, sich selbst und die Erde zu heilen.

52. Gen - das Stille Halten (Verbinden)

———
— — oben: Gen - das Stille Halten, der Berg
— —

———
— — unten: Gen - das Stille Halten, der Berg
— —

Das Hexagramm wiederholt die beiden Trigramme Gen, das Stille Halten, der Berg. Dieses Symbol beschreibt eigentlich zwei gegensätzliche Kräfte, eine aktive und eine rezeptive, die miteinander in Frieden sind. Bewegung vollzieht sich natürlicherweise so, daß sie in Ruhe endet. In der Spirituellen Frau ist das Stille Halten die Zentrierung, die Kon-Zen-tration. Ein klarer Geist kristallisiert Bewußtheit im Stille Halten. Still und schweigend verbinden wir uns mit der Erde in der Sprache aller Wesen, dem Schweigen. Die Verbindung zu den Wesen der Natur und der Erde ist die Verbindung zur Göttin.

Wie im Hexagramm 46, dem Lebensbaum, „breiten sich in der Tiefe der Erde unsere Wurzeln aus und holen Kraft aus der Erde. Über der Erde breiten sich die Zweige aus, und der Wind bewegt sich durch uns." (Starhawk) Aus dieser Zentriertheit wird die spirituelle Arbeit entwickelt. Es ist ein Zustand ruhiger Klarheit, das Stille Halten, aus dem sich neue Bewegung entwickelt.

Das Zentrum

In ihrer Mitte berührt sie die Erde und die Sterne.

Stille Halten.
Sie berührt die Göttin.
Frieden.

Die Spirituelle Frau lernt inneren Frieden - die Verbindung zu ihrer inneren Kraft und zur Göttin. Von ihrer Mitte aus fliegt ihre Wahrnehmung nach außen, und sie beginnt zu begreifen, daß alles Leben eins ist. Die Göttin ist in jedem Wesen. Die Spirituelle Frau fühlt ihre Verwurzelung und bringt ihren Rücken, und damit die innere Unruhe, ins Stille Halten. So läßt sie die Kraft aufsteigen und wird Teil der Vollkommenheit des Universums.

Zentrieren bedeutet, sich von einer festen Basis aus zur Bewegung zu entwickeln und Gedanken aus einem Zustand der Klarheit heraus zu kristallisieren. Sie ist das Stille Halten in Wartezeiten und Entschluß und Bewegung in Zeiten des Vorwärtsgehens. Die Spirituelle Frau agiert aus ihrer Mitte, aus ihrer Stille heraus. Bewegungen dieser Art verschieben das Gewicht der Welt.

Das Bild

Der Berg:
Das Stille Halten.
Die Spirituelle Frau
Verbindet sich mit ihren Quellen.

Berge ragen in die Himmel und in die Erde, so sind beide Naturen in ihnen vereint. So ergibt sich eine Verbundenheit. Gedanken sind auch verbundene Essenzen, die in den Himmel und in die Tiefe streben.

Die Spirituelle Frau fliegt mit ihren Gedanken in Verbundenheit mit dem Planeten und allem Leben. Sie ist in Harmonie mit der Göttin und ihrem Universum. Durch ihre Verbundenheit stärkt sie sich und respektiert und fördert alles Lebendige.

Die Bewegung

Am Anfang eine Sechs:
Sie sucht die Mitte
Und öffnet ihre Flügel.
Wenn die Spirituelle Frau zum erstenmal lernt, sich zu zentrieren und ihre Mitte zu finden, macht sie Fehler, und es gelingt ihr nicht so gut. Ihre Neuheit ist ein unbekannter Ort, sie weiß nicht, was sie sucht und was ihr fehlt. Durch ehrliche Absicht in ihren täglichen Handlungen und durch ihre Beharrlichkeit kann sie ihre Flügel ausbreiten und ihren Weg finden.

Sechs auf dem zweiten Platz:
Sie fliegt vorwärts.
Guter Beginn.
Die Spirituelle Frau zündet eine Kerze an, um der Göttin zu begegnen. Sie konzentriert sich auf die Flamme und hält ihre Gedanken einen Augenblick lang still. Obwohl sie die Verbindung nicht halten

kann, hat sie doch gesehen, was sie sehen wollte. Sie versucht es noch einmal und fliegt. Doch bleibt sie in dem Gefühl der Zentriertheit. Ein guter Anfang.

Neun auf dem dritten Platz:
Sie erzwingt den Flug
Und sieht nichts.

Eine Frau erhascht einen Augenblick von Zentriertheit und Stille, aber sie kann ihn nicht halten. Sie versucht, den Intellekt einzusetzen und sich ohne ihre Intuition in Verbindung zu setzen, ohne Erfolg. Stille Halten kommt natürlich und selbstverständlich und kann nicht erzwungen werden. Die Spirituelle Frau hat ihre Mitte noch nicht gefunden, nähert sich aber. In der Zwischenzeit lernt sie ganz sachte zu fliegen.

Sechs auf dem vierten Platz:
Sie zentriert sich mit den Schwestern
Und breitet ihre Flügel aus.

Die Spirituelle Frau erreicht Augenblicke von Zentriertheit und vollkommener Ruhe, kann diese aber nicht willentlich herstellen. Sie kommt zu einem Kreis von Frauen und bittet um Aufnahme. Sie wird akzeptiert, und zusammen mit den anderen Frauen kann sie sich lösen und zur Stille gelangen. In diesem Zustand von verbundener Wachheit kommt der Flug in die Stille.

Sechs auf dem fünften Platz:
Sie lernt, in ihre Mitte zu gelangen.
Sie fliegt.

Sie lernt, sich zu erden und zu zentrieren. Sie schützt sich, geht in Kontakt mit der Erde und findet Frieden. Wenn sie die Verbindung einmal hergestellt hat, kann sie sie wiederfinden. Ihre Verbindung, ihr Stille Halten ist ohne Krampf und im Einklang mit der Natur voller Heiterkeit. Ihr Herz ist ruhig, ihre Gedanken sind still. Sie erreicht ihre innerste Kraft und lernt die Bedeutung des Fliegens.

Oben eine Neun:
Sie ruht in sich.
Sie fliegt schnell.

Die Spirituelle Frau sieht sich als Teil der Erde und des Universums. Sie ist die Göttin, und die Göttin ist in ihr und außerhalb. Sie ist im Einklang mit allen Wesen und der Lebenskraft. Sie ist ruhig, mit sich selbst in Frieden. So erfährt sie Stärkung. Die Spirituelle Frau fliegt schnell und beginnt ihre Suche.

53. Dsien - Die Entwicklung

———
——— oben: Sun - das Sanfte, der Wind, das Holz
— —

———
— — unten: Gen - das Stille Halten, der Berg
— —

Das Hexagramm zeigt einen Baum auf einem Berg. Ein Baum wächst auf seine Weise und zu seiner Zeit, nur der sanfte Wind bewegt ihn. Er entwickelt sich ruhig und beharrlich, gräbt seine Wurzeln tief in die Erde und wächst mit den Zweigen dem Himmel entgegen. Mit der Zeit wird der Baum stark und fest. Gen ist das Stille Halten, ist der Berg, dem jede Hast und Flüchtigkeit fehlt.

Das Zentrum
Entwicklung. Sie wächst langsam und gut.

Entwicklung.
Sie wächst
Zu innerer Stärke.

Der Lebensbaum wächst langsam und tief in die Erde hinein, so wächst auch die Frau im Lernen und in wirklichen Beziehungen. Die Spirituelle Frau entwickelt Klarsicht und baut ihre Fähigkeiten aus. Ihr Bewußtsein nimmt zu, und sie läßt sich Zeit. In Beziehungen läßt sie ihren Respekt wachsen und entwickelt Vertrauen und Offenheit. In ihrer Entwicklung ist sie beständig und beharrlich.

Das Bild

Ein Baum auf dem Berg:
Das Bild der Entwicklung.
Die Erhabene Frau
Wächst in Achtung.

Ein Baum wächst langsam und über viele Jahre hinweg und ändert sich stetig. So ist ein alter Großmutterbaum voll magischer Kraft. Die Wirkung spiritueller Entwicklung ist so sicher und langsam wie das Wachstum des Lebensbaums - sie passiert nicht über Nacht und voller spektakulärer Ereignisse. Die Macht der Spirituellen Frau wächst tief und langsam und hat eine unerschütterliche Grundlage. Dadurch gewinnt die Erhabene Frau Achtung und Gemeinschaft.

Die Bewegung

Am Anfang eine Sechs:
Sie beginnt ihre Entwicklung
Und wird geliebt.

Eine Frau kommt neu an, ist fremd und kennt keine. Aber ihre Schwestern heißen sie willkommen. Sie bleibt nicht lange fremd. Ihre Fähigkeiten sind geschätzt, und die Mütter und Schwestern helfen ihr bei ihrer Entpuppung.

Sechs auf dem zweiten Platz:
Ein warmer Platz.
Sie wächst stark heran.

Die Erhabene Frau kann sich in Frauengemeinschaften voll entfalten und in Wärme entwickeln. Ihr Wachstum wird gefördert. So zögert sie immer weniger, sie ist offen und kann handeln. Bestätigung wecken Freude und Vertrauen in ihr. Da ihr Selbstwert und ihre Fähigkeiten wachsen, kann die Erhabene Frau geben.

Neun auf dem dritten Platz:
Sie verliert ihren Rhythmus.
Zeitweiser Stillstand im Wachstum.

Eine Frau verliert ihren Rhythmus, weil sie es mit ihren Aktionen übertrieben hat. Die Erhabene Frau läßt Beziehungen langsam wachsen. Sie zu forcieren hieße, das kosmische Gesetz gewaltsam verändern zu wollen. Die Erhabene Frau bleibt bei sich und erzwingt keine Entwicklungen. Sie wartet, wenn sie muß, und findet zu ihrem Rhythmus. So wächst sie aus ihren Fehlern und wird stärker.

Sechs auf dem vierten Platz:
Zarte Entwicklung.
Kein Makel.

Eine Frau findet sich in einer verletzlichen Position, sie ist durch falsche Einschätzung oder unerfahrene Entscheidung dahingekommen. Sie überlegt, ehe sie weiter handelt. Durch Bewußtheit findet sie Zuflucht. Jetzt kommt es darauf an, daß sie in allen Schritten genau ist. Keine Entwicklung geht ohne Fehler einher.

Neun auf dem fünften Platz:
Entfremdung und Irrtum.
Langsame Entwicklung.
Eine Erhabene Frau ist respektiert, zieht sich aber zurück und wird in ihrer Abgrenzung mißverstanden. Keine Frau ist größer, wichtiger, mehr wert als die andere, aber größere Fähigkeiten bringen mehr Verantwortung. In der Isolation können Ziele nicht erreicht werden. Die Erhabene Frau entschließt sich, ihre Kraft wieder in die Gemeinschaft einzubringen, und beendet ihre Zeit der Einsamkeit. Sie wächst und entwickelt sich.

Oben eine Neun:
Entwicklung durchs ganze Leben.
Beharrliches Wachstum.
Die Erhabene Frau lernt und entwickelt sich ihr ganzes Leben lang. Sie ist neugierig und aufnahmebereit und akzeptiert, daß in jeder Situation Lern- und Wachstumsprozesse liegen. Sie lernt von den Müttern und wenn sie älter wird, von den Töchtern. Sie hört auf die Erde und alle Wesen der Natur und beginnt ihre Sprache zu verstehen. Sie wächst und gibt, was sie gewinnt.

54. Gui Me - Zusammenleben

— —
— — oben: Dschen - das Erregende, der Donner, das Erwachen
———

— —
——— unten: Dui - das Heitere, der See
———

Die zwei Trigramme Dschen und Dui stellen den Donner über dem See dar. Zwei Menschen erwachen in Liebe zueinander, sind voller

Freude und Lust und wollen ihre Leben zusammenfließen lassen. So gründen sie eine Gemeinschaft. Indem sie zusammenleben, teilen sie ihr Wissen und ihre Gefühle, lernen voneinander und übereinander, und jeder Tag bringt Neues. Es mögen stürmische Tage kommen, wie es Dschen, der Donner, andeutet, aber die Liebe fügt alles wieder zusammen, wie das Wasser die Tendenz hat, immer wieder zusammenzufließen.

Wenn zwei Frauen ihre Liebe zueinander entdecken, endet die Einsamkeit. Indem sie zusammenleben, entwickeln sie Liebe und Respekt.

Das Zentrum
Zusammenleben. Segen.

Zusammenleben.
Zwei schaffen sich ein Heim.
Sie sind gesegnet.

Liebende zieht es zusammen, sie finden einen Platz, an dem sie gemeinsam leben. Sie schaffen sich einen lebendigen Ort, an dem sie alles gemeinsam neu entdecken. Ihre Bücher stellen sie zusammen und teilen alles, was sie einbringen. Am Morgen wachen sie auf und freuen sich an ihrem gemeinsamen Leben, das erste, das sie sehen, ist die geliebte Person. Ihre Liebe und Freude ist überschäumend.

Das Bild

Donner und Freude.
Liebende leben zusammen.
Sie machen gemeinsam in Liebe weiter.

Donner und Freude erwachen: Liebende leben ein neues Leben zusammen. Liebe überwindet alle Hindernisse und Probleme. Eine Frau, die mit einer anderen zusammenleben will, entwickelt Liebe und Anteilnahme.

Liebende folgen und führen zugleich. Sie bleiben wach und aufmerksam für ihre gegenseitigen Bedürfnisse und bauen sich liebevoll und vorsichtig ihre gemeinsame Grundlage. Ihre Beziehung spiegelt die Liebe, die sie füreinander empfinden. Sie wollen zusammenbleiben.

Am Anfang eine Neun:
Sie haben sich für einander entschieden.
Liebe und Frieden.

Die Zeit ist richtig: Zwei, die sich lieben, ziehen zusammen. Sie nähern sich diesem Plan sorgfältig. Aber sie sind bereit, und Erwachen und Freude begleiten ihre Ideen. In ihrer gegenseitigen Liebe entsteht etwas, das sie beide nicht gekannt haben. Die Entscheidung bewirkt einen Neubeginn, und er ist größer als das Gefühl, das sie vorher empfanden. Die Zeit ist für beide gut.

Neun auf dem zweiten Platz:
Sie ist einsam und wartet.
Kein Makel.

Zwei lieben sich, sind aber durch Entfernung oder durch ihre Arbeit voneinander getrennt. Sie sehnen sich nacheinander, und obwohl sie sich nicht oft sehen, bleibt ihre Liebe stark. Die Erhabene Frau bleibt beharrlich, mit der Zeit kommen die Liebenden zusammen. Sie beginnen ein gemeinsames Leben, wenn die Zeit stimmt.

Sechs auf dem dritten Platz:
Sie leben zusammen,
Ohne sich zu lieben.

Zwei Frauen, deren Liebe weit fort ist, ziehen zusammen. Sie sind Freundinnen, aber zwischen ihnen ist keine Liebesbeziehung. Sie richten sich ihr Leben zusammen ein und pflegen ihre Liebe in der Ferne. Sie helfen und schützen einander und teilen alles. Es geht ihnen gut miteinander. Mit Freundinnen zusammenzuleben, bringt Segen und Gelingen.

Sechs auf dem vierten Platz:
Die Erhabene Frau
Wartet und harrt aus.

Zwei Liebende können nicht zusammenleben. Entfernung oder Angst vor Verletzung trennen sie. Die Erhabene Frau bleibt in ihrem Bemühen beharrlich, ihre Liebe näher zu sich heranzuholen. Obwohl sie in ihrer Treue verspottet wird - ihre Freundinnen fürchten, daß sie sich verrannt hat -, hält die Erhabene Frau zu ihrer Liebe, denn sie weiß, daß sie geliebt wird. Sie wartet, solange sie muß, und weiß, daß sie mit ihrer Liebe zusammenkommen wird.

Sechs auf dem fünften Platz:
Sie leben zusammen
Nach einer langen Zeit.

Zwei kommen endlich zusammen. Sie lassen sich Zeit, sie haben Angst, verletzt zu werden, doch schließlich ist die Zeit des Zögerns vorbei. Sie öffnen sich und lassen die Liebe fließen. Eine Zeit der Unsicherheit und Einsamkeit endet. Sie lieben sich und leben zusammen. Die Lust und Freude ihres Zusammenseins ist eine Gabe an die Göttin.

Oben eine Sechs:
Tägliches Zusammenleben.
Erhabenes Gelingen.

Zwei, die lange getrennt waren, finden zusammen und teilen ihren Alltag. Nachts verschmelzen sie, und am Tag teilen sie Freuden und Pflichten. Die Erhabene Frau verliert sich dabei nicht selbst. Sie ist eine Frau, die ihre Eigenständigkeit, ihre Gedanken und Ideen, ihre Entscheidungen behält. Liebende verbinden sich und bleiben doch bei sich. Jeder Tag, den sie teilen, macht ihre Liebe stärker.

55. Fong - die Fülle (Überfluss)

— —
— — oben: Dschen - das Erregende, der Donner, das Erwachen
———

———
— — unten: Li - das Feuer, der Stab, das Haftende
———

Das Erwachen bewegt sich nach oben, und das Feuer symbolisiert das innere Licht: Das ist die Fülle, der Überfluß am höchsten Zenith, Fortschritt und Erfolg. Es ist die Zeit der Fülle und der Ernte im Jahr. Fülle wird von abnehmender Kraft abgelöst, immer wieder dreht sich das Rad, und die Veränderung kommt. Winter verdrängt die Zeit der Wärme und Fülle. Es ist Mabon, Herbsttag- und Nachtgleiche, Jungfrau und Waage im Tierkreis. Obwohl das Abnehmen der Fülle folgt, ist Fong kein ungünstiges Zeichen. Hier ist die Betonung auf Balance, auf Fülle, Wohlstand und Veränderung.

Das Zentrum

Überfluß. Zeit der Freude.

Fülle und Überfluß.
Hoher Wohlstand.
Sie triumphiert in der Fülle.

Fülle ist eine Zeit der Freude und Befriedigung, die Erntezeit der Taten. Obwohl solche Höhepunkte nicht andauern können, genießt die Erhabene Frau die Freude. Sie nimmt die Geschenke an und schwelgt in ihrer Lust. Ihre Fülle resultiert aus ihrer Arbeit und dem bewußten Entwickeln ihrer Fähigkeiten.

Die Erhabene Frau freut sich über Erreichtes und akzeptiert die Fülle triumphierend.

Das Bild

Donner und Blitz:
Das Bild der Fülle.
Die Erhabene Frau
Erkennt das Licht.

Dschen, der Donner, und Li, der Blitz, erwecken die Erhabene Frau, sie wird wachsam und bewußt. In der Fülle des Überflusses, in einer Zeit bewußter Entwicklung steht sie am Höhepunkt ihres verdienten Wohlstands.

Fülle wird durch Abnehmen abgelöst, die Erhabene Frau ist sich dieser notwendigen Veränderungen immer bewußt. So bleibt sie im Gleichgewicht.

Die Bewegung

Am Anfang eine Neun:
In Fülle verbunden.
Überfluß.

Zwei Frauen fühlen sich zueinander hingezogen. Sie verbringen ihre Zeit, voneinander zu lernen, und erleben eine Fülle. Sie erkennen, daß Entschlossenheit und Klarheit zusammengehören, und lernen etwas über ihre gegenseitigen Affinitäten und Gegensätze. So wird ihre Verbindung erhabenes Gelingen bringen.

Sechs auf dem zweiten Platz:
Mondfinsternis.
Versteckte Fülle.

In einer Zeit von Auseinandersetzung und Trauer mißverstehen die Freundinnen sich. Zwietracht wächst. Der Mond zieht sich zurück. Die Erhabene Frau weiß, daß es nicht gut ist, Gewalt und Zwang anzuwenden. Durch ihre Integrität und ihr Verständnis kommen die Dinge ins Lot, und der Mond zeigt sich wieder.

Neun auf dem dritten Platz:
Schwarzmond.
Abnehmende Konflikte.

In einer dunklen Zeit ist der Mond von der Erde aus nicht sichtbar. Nach dem Abnehmen nimmt er jedoch wieder zu und erscheint. Der Neumond birgt viele Möglichkeiten und Geheimnisse und bringt fruchtbare magische Arbeit. Auch im Leben der Frauen gibt es Zeiten, da die Kraft abnimmt und Streit entsteht. Sie verliert nicht ihr Wissen über die zyklischen Veränderungen und wartet, daß sich die Kräfte wieder ausgleichen. Sie wächst zur Fülle, wenn es Zeit ist.

Neun auf dem vierten Platz:
Das erste Mondviertel.
Kommende Fülle.

Das Licht wächst zu einer Sichel der Hoffnung: die Aussicht auf nahende Fülle. Macht wird sachte eingesetzt, zur Tatkraft kommt die Weisheit. Wenn Aktivität und Verständnis zusammenkommen, gelingt ihr alles, und sie erreicht Fülle und Wohlstand.

Sechs auf dem fünften Platz:
Vollmond.
Licht und Fülle.

In einer Zeit des strahlenden Überflusses feiern und ehren die Frauen die Dunkelheit. Sie tanzen den Spiraltanz. Die Erhabene Frau läßt sich von ihren Schwestern und Müttern raten, und ihre Entscheidungen mehren ihre Fülle. Zurückhaltung, Weisheit, Vorsicht lassen ihre Ziele näherrücken. Veränderung ist von Fülle begleitet.

Oben eine Sechs:
Festgehaltene Fülle.
Der Mond nimmt ab.

Eine Frau kann sich von nichts trennen und hortet ihre Fülle. Sie will keine Veränderung akzeptieren und will ihren Überfluß nicht teilen. Die Erhabene Frau teilt, was sie nicht braucht, und erhält den Fluß aller Dinge. Wie es von ihr wegfließt, so fließt es ihr auch zu. So kann sie in Fülle und Leere wachsen. Wenn eine alles festhält, zögert sie den Wechsel nicht hinaus, sondern beschleunigt ihn. Nichts bleibt, wie es war. Was eine besitzt, macht sie auch besessen, wenn sie nicht loslassen kann. Die Erhabene Frau genießt und gibt weiter. Kein Makel!

56. Lü - die Wanderung

———
— — oben: Li - das Feuer, der Stab, das Haftende
———

———
— — unten: Gen - das Stille Halten, der Berg
— —

Der Berg wartet, aber die Flamme bewegt sich schnell nach oben, die Trigramme kommen nicht zusammen. Eine Frau entscheidet sich, auf der Straße zu leben und zu wandern. Sie verläßt die Gemeinschaft, weil sie unruhig ist, weiß aber nicht, wohin sie gehen will. Sie nimmt Freude, Schmerz und Einsamkeit mit sich. Die Erhabene Frau sucht Lernprozesse und spirituellen Frieden auf den Wegen, die sie durchwandert. Ihre Schwestern beneiden sie um ihre Ungebundenheit und Freiheit, aber sie muß viele innere und äußere Schwierigkeiten meistern. Sie begibt sich auf die Wanderschaft zu neuen Ufern und Impulsen. Sie ist die Flamme. Die Menschen, die sie lieben, sind wie der Berg, der beharrlich aushält.

Das Zentrum
Eine Frau sucht und wandert. Am Ende kommt Ruhe.

> Eine Wandernde
> Sucht viele Wege.
> Schließlich kommt sie nach Hause.

Die Frau zieht aus, um zu wandern und stark und klar zu werden. Wer sich auf Wanderschaft begibt, muß zurückhaltend und offen sein, sich schützen, so wird einer gern geholfen. Die Wandernde hat sich entschlossen, sich nicht zu binden, allein zu gehen. Ihre Familie und Freundinnen warten. Schließlich kehrt sie nach Hause zurück und vermittelt, was sie Reisen gelernt und erfahren hat.

Das Bild

Flamme über der Stille.
Die Wandernde.
Die Erhabene Frau
strahlt hell.

Ein Stab, der brennt, wird von weitem gesehen. Die Erhabene Frau, die die Straße gewählt hat, bleibt nirgends lang. Sie erhellt die Gemeinschaften, bei denen sie einkehrt. Sie ist eine Geschichtenerzählerin, überall gern gesehen. Sie bleibt nirgends lang. Wie ein Komet kommt sie, erhellt alles, geht. Klarheit und Gelingen!

Die Bewegung

Am Anfang eine Sechs:
Sie verschwendet ihre Talente nicht.
Erhabenes Gelingen.

Die Erhabene Frau verschwendet ihre Zeit und ihre Talente nicht. Sie schadet den anderen Frauen und auch sich selbst nicht. Sie ruht in sich und ist überall gern gesehen.

Sechs auf dem zweiten Platz:
Sie ist willkommen
Und wird anerkannt.

Unterwegs ist die Erhabene Frau vorsichtig und freundlich. Sie bleibt mit allen Wesen der Natur verbunden, findet überall Aufnahme. Weil sie für sich Verantwortung übernimmt, wird ihr geholfen.

Neun auf dem dritten Platz:
Keine Aufnahme.
Die Schwestern irren sich.

Die Wandernde wird nicht aufgenommen, ein großer Irrtum der Schwestern. Frauen sollen einander helfen, wo sie können. Die Wandernde bietet ihre Fähigkeiten an und hilft, wo sie kann. Als Fremde muß sich eine Frau auf andere Frauen verlassen können.

Neun auf dem vierten Platz:
Sie lernt loszulassen.
Kein Makel.

Die Erhabene Frau wandert und nimmt ihren Besitz mit sich. Sie vereinfacht ihre Bedürfnisse und kommt mit wenigen Dingen aus. Es ist korrekt, Dinge loszulassen und sich nicht daran festzuhalten. Wer wandert, wandert am besten mit leichtem Gepäck. Die Wandernde läßt auch Beziehungen und spirituelle Bindungen los. Dabei ist große Achtsamkeit nötig, damit ihr kein Schaden geschieht.

Sechs auf dem fünften Platz:
Sie arbeitet, um Fehler zu korrigieren.
Und das Falsche wird berichtigt.

Die Erhabene Frau sieht auf ihrem Weg viele Dinge, die falsch laufen, und nimmt mit anderen an ihrer Veränderung teil. Lebt sie als Nomadin, hat sie mehr Bewegungsfreiheit und ist nicht so abhängig von ihrem Besitz. Eine Frau, die die Welt verändern will, verändert zuerst sich und bringt ihre positiven Veränderungen in jede Gemeinschaft ein, die sie berührt. So wird sie geliebt und geachtet.

Oben eine Neun:
Nichts bleibt, wie es ist.
Erhabenes Gelingen.

Die Erhabene Frau baut ihr Leben auf dem Bewußtsein der ständigen Wandlung auf. Nichts kann festgehalten werden. So zieht sie auf ihren Wegen und lernt. Wenn sie aber müde wird, ist es Zeit, heimzukehren. Wenn sie in ihrer Mitte bleibt, geerdet ist und Achtung vor allen Lebewesen hat, bringt ihr Weg Glück und Gelingen.

57. Sun - das Sanfte

———
——— oben: Sun - das Sanfte, der Wind, das Holz
— —

———
——— unten: Sun - das Sanfte, der Wind, das Holz
— —

Sun ist ein weiteres der acht Doppelzeichen im I Ging. Wind und Holz sind sanfte, aufnehmende und erkennende Kräfte. Nichts bewegt die Luft mehr als ein sanfter Wind, keine Aktion ist für die Erde tiefgreifender als Wurzeln, die sich sanft verankern. Wind bewegt die Wolken und klärt die Luft, daß der Mond und die Sterne sichtbar werden. Eine Wurzel kann einen Felsen sprengen. So korrigiert die Spirituelle Frau Fehler: durch Bewußtmachen und mildes Licht. Sun ist der eindringliche, sanfte Einfluß, der zum Ziel führt.

Das Zentrum

Das Sanfte. Wenig Anstrengung - große Wirkung.

> Wenig Anstrengung.
> Starker Halt.
> So wird die Erde bewegt.

Sanftheit erreicht scheinbar nur kleine Ergebnisse, die sich aber mächtig ansammeln. Fortschritt wird durch Wirkung, nicht durch Gewalt erzielt. Sanfte Errungenschaften entwickeln sich zwar ruhig, wachsen langsam, aber stark und dauerhaft. Mit klaren Zielen und Bewußtheit findet die Spirituelle Frau den Weg zu ihrem Ziel. Ihre Aktionen verwurzeln sich langsam und tief und bewegen die Erde.

Das Bild

> Wind und Holz spielen:
> Das Bild der Sanftheit.
> Die Spirituelle Frau
> Wiegt sich wie Bambus.

Die Macht von Wind und Holz kommt aus beharrlichen sanften Bewegungen. Sie halten nicht inne und geben nicht auf. Ihre Stärke kommt aus der Fähigkeit, Zeit und Raum zu ignorieren. Sie nehmen alles, wie es kommt, langsam und gewiß. Durchgreifende Güte und Sanftheit verändern die Gemeinschaften der Menschen.

Die Bewegung

> *Am Anfang eine Sechs:*
> Unentschlossene Bewegung.
> Sie lernt sanfte Bestimmtheit.

Extreme Sanftheit ist ohne Richtung oder Ziel. Das Unsichere dominiert, die Spirituelle Frau ist zu verwirrt, um zu handeln. Sie läßt sich von zufälligen Windrichtungen leiten und erreicht nichts von Bestand. Verstehen und Beharrlichkeit lassen die Spirituelle Frau wachsen und lernen. So gewinnt sie Selbstsicherheit und Disziplin, und ihre Handlung wird nicht nur sanft, sondern entschlossen.

Neun auf dem zweiten Platz:
Inneres Hindernis.
Sanfte Gegenüberstellung.

Die Spirituelle Frau sieht ihre Ziele blockiert und erkennt, daß es sich um innere Hindernisse handelt. Unentschlossenheit überflutet jede Entscheidungsfähigkeit und führt zur Zwiespältigkeit. Die Spirituelle Frau findet die Wurzeln ihrer Hindernisse. Obwohl sie schwer zu fassen sind und Randbereiche ihres Lebens darstellen, ist es wichtig, sich mit ihnen zu konfrontieren, sonst gibt es keine Stärkung und kein Fortschreiten.

Neun auf dem dritten Platz:
Sanfte Gedanken.
Sie triumphiert.

Die sanfte Macht der Versunkenheit wird nicht übertrieben. Im Exzeß würde sie Entscheidungen verhindern und Kraft ableiten. Es gibt Zeiten, da eine denken, und Zeiten, da sie handeln muß. Zuviel Grübeln behindert jede Handlung. Die Spirituelle Frau wagt nach gründlichem Überlegen den nötigen Schritt.

Sechs auf dem vierten Platz:
Sanftheit und Tatkraft.
Gelingen.

Auf eine Reihe sanfter Entscheidungen zu bauen, bringt dauerhaftes Gelingen. Die Spirituelle Frau kombiniert Energie mit Weichheit, Wahrnehmung mit Bewegung und kommt zum Ziel.

Neun auf dem fünften Platz:
Sanfte Veränderungen.
Der volle Mond.

Drei Tage vor und drei Tage nach dem Vollmond werden sanfte Schritte zur Veränderung unternommen (Marion Weinstein, *Earth Magic*). Jede Entscheidung, und sei sie noch so unbedeutend, wirkt sich auf das Invidivuum und die Gemeinschaft aus. Wenn

Veränderung notwendig ist, bringt eine vorsichtige Bewegung dauerhaften Triumph und Gewinn. Allmähliches Vorgehen und Entscheiden und beharrliches Handeln führen zum Ziel.

Oben eine Neun:
Sanfte Macht.
Erhabenes Gelingen.

Die Spirituelle Frau weiß, daß Sanftheit nicht alles ist. Sie muß durch innere Macht gestützt sein. Wahrnehmung, der wohlüberlegte Handlung folgt, bringt wirklich Erfolg. Die Spirituelle Frau vermeidet, Gewalt und Zwang einzusetzen.

58. Dui - das Heitere

— —
——— oben: Dui - das Heitere, der See
———

— —
——— unten: Dui - das Heitere, der See
———

Dui ist das letzte der acht Doppel-Hexagramme. Dui ist die heitere Tochter, die geliebt wird und sicher ist. Die Sanftheit und das überfließende Glück der Tochter gründen auf liebevoller Zuwendung, Sicherheit und wachsender Stärke. Sie ist eine heranwachsende Amazone, die von ihrer Umgebung weise gelehrt und genährt wird, um ihr grenzenloses Potential zu entdecken. Wahre Freude, tiefes Glück kommen aus innerem Mut und Entschlossenheit und helfen einer Frau, sich anzupassen, ohne sich aufzugeben. Leicht und fließend nimmt sie Beziehungen zu allen Wesen auf. Die Frau, die dieses Hexagramm erhält, schwimmt in Liebe und freudiger Fülle und wird von der Göttin genährt.

Das Zentrum
Freude. Sie tanzt.

in Geschenk der Göttin.
Sie wirbelt im Tanz.

Die Spirituelle Frau ist positiv und offen, alle lieben sie. Als Gefühl wird Freude nur noch von Liebe übertroffen. Wenn Frauen sich lieben, respektieren sie sich und sind auch von Freude erfüllt. Freude und Glück sind das Kindliche in der Erwachsenen Frau und ein Geschenk der Göttin, das jede Frau strahlen und glühen läßt.

Das Bild

Zwei Seen, die beieinanderliegen.
Freude und Glück.
Die Erhabene Frau
Schließt sich mit ihren Schwestern und ihrer Liebe zusammen.

Das Wasser von zwei Seen fließt ineinander. Das ist das Bild von Frauen, die freudig zusammenhalten, oder von Liebenden. Sie nähren sich gegenseitig und helfen einander zu verstehen und zu wachsen. Schwestern lernen zusammen, ihre Fülle fließt zusammen. Sie regen sich an, geben einander Impulse, tauschen Ideen und Energien aus und entwickeln neue Fähigkeiten. Wie eine Mutter ihre Tochter nährt und ihr Raum gibt für neue Entdeckungen, so tun das auch Liebende. Sie lehren einander, durch ihre Herzen zu sehen. In jeder liebevollen Beziehung entstehen Freude und Glück.

Die Bewegung

Am Anfang eine Neun:
Innere Freude.
Fließende Harmonie.
Die Erhabene Frau erlebt innere Freude. Sie ruht in sich und hat die innere Sicherheit, die keine äußere Bestätigung sucht. Eine solche Frau kennt Freiheit und Stärke und ist ein Teil der Göttin.

Neun auf dem zweiten Platz:
Ehrliche Freuden.
Wahres Vergnügen.
Die Erhabene Frau amüsiert sich nicht auf Kosten anderer. Sie findet keine Freude in Aktionen, die andere verletzen oder demütigen. Die Erhabene Frau lebt nach hohen Werten und kommt nicht in Versuchung, jemanden zynisch oder gemein zu behandeln. Ihre Haltung spiegelt das, und so findet sie wahre Freude.

Sechs auf dem dritten Platz:
Falsche Freude.
Unheil.

Eine Frau verliert ihre innere Heiterkeit und sucht Zerstreuung in oberflächlichen, glitzernden Konsumfreuden. Wenn sie auf ihre innere Unzufriedenheit achtet, hört sie auf, falsche Befriedigung zu suchen. Dann meidet sie das Oberflächliche, das nur aus Schale besteht und keinen Kern hat, und sucht nach innerer Wahrheit.

Neun auf dem vierten Platz:
Die Tochter bringt Freude.
Sanftes Wasser.

Die Tochter wird liebevoll behütet, in einer Welt von Freiheit und Sicherheit kann sie all ihre Kräfte ausprobieren. Wenn ihr etwas nicht gelingt, versucht sie es von neuem. Sie ist mit der Göttin und der Erde verbunden und verzehrt sich nicht in zerstörerischer Leidenschaft.

Neun auf dem fünften Platz:
Liebende.
Überschäumende Freude.

Zwei Liebende schmieden eine Beziehung von gegenseitigem Vertrauen und Respekt. Sie lieben und achten sich, und so teilen sie Glück und Erfüllung und weisen drohende Gefahren ab.

Oben eine Sechs:
Freude des Lernens:
Gutes Gelingen.

Zwei Frauen lernen zusammen und erforschen unbekannte Gebiete und neue Themen. Die Erfüllung des Geistes macht Spaß. Beglückende Erkenntnisse bringen eine Erweiterung der Erfahrungen. Zwei erreichen mehr als eine, weil sie miteinander reden und sich anregen können. So geben sie die Verantwortung nicht aus der Hand, sondern dehnen sie aus.

59. HUAN - DIE AUFLÖSUNG (DIE ÖFFNUNG)

———
——— oben: Sun - das Sanfte, der Wind, das Holz
— —

— —
——— unten: Kan - das Wasser, das Abgründige, der Kelch
— —

Wind und Holz befinden sich über der Lebenskraft, dem Wasser. Der Baum öffnet seine Wurzeln für Nahrung und Wachstum. Eine Frau öffnet sich ihren Freundinnen. Sie baut Barrieren ab, die ihre Kraft zersplittern. Sie bricht das Mißtrauen auf, das sie einsam macht. Indem sie sich öffnen kann, schließt sich die Erhabene Frau an die Quelle der Lebenskraft an. Sie löst ihre Einsamkeit auf und läßt ihre Angst los.

DAS ZENTRUM
Öffnung. Sie lernt zu vertrauen und wächst.

> Öffnung:
> Die Erhabene Frau
> Vertraut ihren Schwestern

Huan ist die Öffnung und die Auflösung von Furcht. Mauern einzureißen und sich mit den anderen Menschen zu verbünden, ist die größte Kraft, die wir erfahren können. Spiritualität bringt Frauen zusammen und lehrt Liebe und Vertrauen. Wenn sich die Frau ihren Schwestern öffnet, gibt sie sich preis - sie erfahren, wer sie ist. Geheimnisse machen schwer und müssen mühsam gehütet werden. Öffnung ist Erleichterung. Die Erhabene Frau wird von ihren Schwestern geschützt und unterstützt, wenn sie sich öffnet. Sie öffnen sich ihr ebenfalls, und alle Kräfte fließen zusammen wie das Wasser. Die Härte des Lebens wird durch Gefühle und Offenheit aufgeweicht. Wenn eine Frau sich öffnet, öffnet sich ihr das Universum. Frauen, die zusammen feiern und ihre Gefühle füreinander öffnen, brechen die Uneinigkeit und die Feindseligkeit. Öffnung ist Nahrung. So lösen sich Blockierungen auf. Wer absondert und ausschließt, ist nicht in Harmonie mit dem Universum. Alles fließt.

DAS BILD

Holz und Wind über Wasser:
Das Bild der Öffnung und der Lösung.
Sie löst sich auf,
Um sich zu vereinigen.

Wind und Holz erheben sich über dem Trigramm des Wassers. Öffnung und Auflösung bringen Erleichterung und Wachstum. Furcht und Mißtrauen schaffen in den Frauen Mauern, die abgetragen werden müssen, damit Engstirnigkeit und Isolation aufgelöst werden. In der Gemeinschaft lernen Frauen Vertrauen. Durch rituelle Feste werden sie gestärkt. Eine Frau, die sich öffnen kann, wird Teil der Göttin. Sie leidet keinen Schaden, sondern erkennt, daß sie ein Teil allen Lebens, ein Teil des Universums ist. Gemeinschaft und Liebe lassen die Frauen wachsen. So kommt Frieden.

DIE BEWEGUNG

Am Anfang eine Sechs:
Sie bietet ihre Hilfe.
Gute Öffnung
Die Erhabene Frau bietet ihrer Schwester, die in Not ist, ihre Hilfe an. Sie gibt, was sie kann, wenn sie darum gebeten wird. Indem sie sich anbietet, öffnet sich die Erhabene Frau, indem sie die Hilfe annimmt, öffnet sich auch die andere Person. So wird frühe Ehrlichkeit eine Basis für gegenseitiges Vertrauen.

Neun auf dem zweiten Platz:
Sie löst Mißtrauen auf
Und gewinnt.
Eine Frau spürt bei einer anderen Mißtrauen und spricht sie direkt an. Indem sie sich öffnet und über ihre Gefühle spricht, kann sie die Mauer der anderen durchbrechen und Mißverständnisse auflösen, ehe es zum Konflikt kommt. Der gute Wille siegt, sie werden Freundinnen. Indem eine Frau auf ihre Vorurteile und ihr Mißtrauen verzichtet, öffnet sie sich dem Fluß aller Dinge.

Sechs auf dem dritten Platz:
Sie hält ihren Schmerz zurück.
Kein Makel.

Eine Frau befindet sich in einer Situation, in der sie mehr geben muß, als sie kann. Sie fühlt sich ihrer Kraft beraubt, hält aber ihren Schmerz zurück. Sie öffnet sich erst dort, wo sie aufgefangen und geheilt werden kann. In einer bedrohlichen Situation ist es nicht falsch, Gefühle zurückzuhalten und sich zu schützen. Die Erhabene Frau öffnet sich, wann und wo sie kann und nicht verletzt wird.

Sechs auf dem vierten Platz:
Sie öffnet sich ihrem Kreis
Und wird geheilt.

Eine Frau öffnet sich der spirituellen Arbeit in einem Kreis von Frauen. In der Sicherheit und Geborgenheit der anderen lernt sie, sich zu öffnen. Jeder Kreis zieht neue Kreise. So öffnet sich jede im Kreis auch dem Universum. Die persönlichen Barrieren können fallen, und der Schutz dehnt sich auf das Alltagsleben aus. Frauen, die spirituell zusammenarbeiten und sich öffnen, finden Heilung und Liebe.

Neun auf dem fünften Platz:
Auflösung der Hindernisse.
Sie öffnet sich.

Wenn die Hindernisse am größten sind, nähern sie sich dem Punkt ihrer Auflösung, so wie eine Krankheit am höchsten Punkt Schweiß produziert, der die Krankheit löst und ins Fließen bringt. Die Erhabene Frau erkennt die Möglichkeit zur Lösung eines Konflikts und trägt alles dazu bei, um eine Öffnung zu bewirken. Offenheit bringt Einheit und wird zum Katalysator für die Lösung von Problemen.

Oben eine Neun:
Andere schützen.
Kein Makel.

Die Erhabene Frau errichtet einen Schutzwall für eine andere. Ihre Absichten sind gut, sie will die andere vor Unheil bewahren. Sie muß sich aber klar sein, daß keine eine andere ohne deren Zutun und Einverständnis schützen oder öffnen kann. Die Erhabene Frau kann ihrer Schwester oder ihrer Tochter helfen, sich zu schützen oder zu öffnen, aber sie kann dies nicht für sie tun. Keine Frau manipuliert den freien Willen einer anderen.

60. Dsie - die Beschränkung

— —
——— oben: Kan - das Abgründige, das Wasser, der Kelch
— —

— —
——— unten: Dui - das Heitere, der See
———

Der See wird durch seine Ufer gehalten und fließt über, wenn zuviel Wasser einfließt. Jede Fülle kommt zu einem Punkt, an dem Leerung beginnt. Das Hexagramm beschreibt zwei Aspekte des Wassers, die zusammenkommen und überfließen, und setzt Grenzen, wie die Erhabene Frau Grenzen für ihre Wünsche und Handlungen setzt.

Sie erkennt die Grenzen ihres Körpers an und weiß, wann sie ruhen muß. In Zeiten des Gebens gibt sie, wenn es Zeit ist zu nehmen, nimmt sie. Durch ihre Verbindung zu ihrer tiefen spirituellen Energie erkennt sie spielerisch die Grenzen und kann grenzenlos sein.

Das Zentrum
Grenzen. Gutes Maß.

> Grenzen und Beschränkung.
> Sie geht maßvoll vor,
> Nicht zu streng, nicht zu locker.
> Erhabenes Gelingen.

Die Erhabene Frau setzt in ihrem Leben Grenzen, aber die Liebe zu sich selbst ist die treibende Kraft. Sie verlangt nicht mehr, als möglich ist. Sie akzeptiert sich in Erfolg ebenso wie in Niederlage und lernt zu wachsen und sich zu beschränken.

Sie akzeptiert auch die Grenzen, die ihre Schwestern ihr setzen. Die Erhabene Frau kennt die Grenzen und Fähigkeiten und akzeptiert sie in jeder Frau, der sie begegnet. Sie erzwingt nichts, was nicht gegeben werden kann, und gibt nichts, was nicht angenommen werden kann. Sie läßt sich nicht ohne Sinn einschränken.

Das Bild

Der See füllt den Kelch:
Grenzen.
Die Erhabene Frau
Lebt in ihren Grenzen.

Wasser fließt ohne Begrenzung, aber der See hat Ufer. Die Erhabene Frau setzt ihre Grenzen selbst und entscheidet, wie sie handeln will. Grenzen beschränken, aber Grenzenlosigkeit kann ungemütlich sein, kann zur Ziellosigkeit führen. Die Erhabene Frau wählt ihre Grenzen und kann darin grenzenlos sein, wie der Kreis grenzenlose Kraft begrenzt und sie dadurch erfahrbar macht. Sie gibt sich den Raum, den sie braucht, und wird nicht überwältigt. Indem sie sich der Grenzen und Veränderungen im Kosmos bewußt ist, setzt sich die Erhabene Frau Grenzen und wird wirklich frei.

Die Bewegung

Am Anfang eine Neun:
Frustrationen ohne Grenzen.
Sie wartet.

Eine Frau, die hohe Ziele anstrebt, wird blockiert. Für den Augenblick kann sie dieses Hindernis nicht auflösen, sie wartet. Indem sie ihre Beschränkungen genauer betrachtet, versteht sie sie und weiß, was sie tun muß. So entwickelt die Erhabene Frau Strategien für ihre Ziele.

Neun auf dem zweiten Platz:
Sie läßt sich in ihrer Zeit des Handelns
Nicht beschränken.

Wasser überflutet den See und sucht sich neue Wege. Die Erhabene Frau handelt, wenn ihre Zeit zu warten vorbei ist. Wenn sie sich blockiert oder blockiert wird, wenn sie handeln sollte, wird eine Öffnung verhindert, sie wird unsicher und kann nicht wachsen. Die Erhabene Frau bestimmt über ihre eigenen Aktionen und öffnet die Grenzen ihres Schicksals.

Sechs auf dem dritten Platz:
Grenzenlosigkeit.
Unheil.

Eine Frau, die in oberflächlicher Grenzenlosigkeit lebt, sich keine Grenzen setzt und über ihre Handlungen nicht nachdenkt, erfährt Verlust und Verletzung. Die Erhabene Frau lernt aus ihren Fehlern und spürt die Grenzen, die aus ihr selbst kommen. Sie lernt Grenzen zu setzen, Übergriffe zu verhindern, und wächst in Harmonie.

Sechs auf dem vierten Platz:
Realistische Grenzen.
Sie wächst.

Eine Frau, die sich übermäßig beschränkt und schützt, braucht sehr viel Kraft, um diese Grenzen ständig aufrechtzuerhalten. Jede Grenze muß sinnvoll, notwendig und im Einklang mit der universellen Ordnung sein, sonst ist sie schädlich. Durch realistische Grenzen und Freiheiten kann die Erhabene Frau in Harmonie leben.

Neun auf dem fünften Platz:
Sie beschränkt sich selbst.
Erhabenes Gelingen.

Die Erhabene Frau setzt sich Grenzen und beschränkt ihre Schwestern nicht. Wenn sie anderen die Möglichkeit gibt, zu geben, was sie können, und nicht zuviel fordert, geben sie mehr. Die richtige Beschränkung basiert auf Mitgefühl und Takt. Indem sie gibt, erhält sie. Wenn sie zu viele Grenzen setzt, werden sie durchbrochen.

Oben eine Sechs:
Harte Beschränkung.
Unheil.

Die Erhabene Frau respektiert ihren Körper und ihren Geist und legt sich nicht unvernünftige Grenzen auf. Sie ißt und kleidet sich, nach den Bedürfnissen ihres Körpers und mutet ihm so wenig schädliche Substanzen wie möglich zu. Sie ruht, wenn sie müde ist, und achtet auf ihren natürlichen Rhythmus. Indem sie für sich sorgt, indem sie sich heilt, heilt sie auch die Erde. Ihre Schwestern folgen ihrem Beispiel. Zu harte Beschränkungen erzeugen das Gegenteil. Extreme vermeidet die Erhabene Frau, wenn sie kann. Sie wählt ihre Grenzen und wendet sie beharrrlich, aber sachte an.

61. Dschung Fu - die innere Wahrheit

———
——— oben: Sun - das Sanfte, der Wind, das Holz
— —

— —
——— unten: Dui - das Heitere, der See
———

Der Wind bewegt die Oberfläche des Sees und erzeugt kleine Wellen, so wird die Luft sichtbar. Der Wind ist sanft, aufnehmend und geduldig. Der See ist heiter und erfüllt von innerer Kraft. Die zwei Trigramme beschreiben die Sicherheit, die auf innerer Wahrheit beruht und auf dem Vertrauen in die äußeren Zusammenhänge. Fu ist der Vogelfuß über einem Jungen, Ausbrüten, Vertrauen und Kraft zugleich. So verläßt sich die Spirituelle Frau auf ihre Freundinnen und vertraut auf die Göttin in allen Dingen und in sich.

Das Zentrum

Innere Wahrheit. Sie gewinnt sich selbst und damit das Universum.

Innere Wahrheit.
Die Spirituelle Frau
Wächst und wird stark.

Wenn sich die Spirituelle Frau erdet, dem Universum und allen Wesen der Natur öffnet, erwacht die innere Wahrheit in ihr. So findet die verbundene Frau Heilung und heilt. Ihre Macht wächst von innen und ist Eigen-Macht, nicht Macht-über. Ihr Leben bestärkt ihre innere Kraft, sie kann große Dinge erreichen. Die Spirituelle Frau wird Teil von allem: Teil der Erde, der Sterne, ihrer Schwestern und der Göttin.

Das Bild

Wind über dem Wasser:
Innere Wahrheit.
Die Spirituelle Frau
Ist verbunden und klar.

Wind fährt in den See und bewegt die Oberfläche, wie die Spirituelle Frau in die Mysterien des Seins eintaucht. Je mehr sie versteht, um so größer wird ihre Anteilnahme und Liebe zu allem, was lebt. Ihre Verbundenheit verändert ihre Beziehung zu Menschen, zu ihrer Familie, ihrer Gemeinschaft, ihrer Liebe, und läßt ihr Selbstvertrauen und Selbstwertgefühl wachsen. Durch ihre Anteilnahme an allem im Universum und ihre innere Wahrhaftigkeit erlebt sie positive Strömungen.

DIE BEWEGUNG

Am Anfang eine Neun:
Sie lernt Eigenständigkeit
Und Klarheit.

Innere Wahrheit hängt von Wissen und Sicherheit ab. Eine Frau, die innerlich mächtig wird, spiegelt diese Macht nach außen. Sie wählt bewußt und mit klarer Unabhängigkeit. Sie läßt sich raten, aber keine andere Person entscheidet für sie. Die Handlungen der Spirituellen Frau sind würdig und entschlossen. Sie respektiert ihre Schwestern, weil sie gelernt hat, sich selbst zu respektieren.

Neun auf dem zweiten Platz:
Ihre Gedankenformen gewinnen an Einfluß.
Gute Gedanken sind gutes Glück.

Alle Gedanken haben eine Form, Farbe und Gegenwart in der astralen Ebene. Die Spirituelle Frau muß nicht unbedingt an die Öffentlichkeit gehen, um ihre Gedanken bekannt zu machen. Wie der Ruf des Kranichs aus dem verborgensten Winkel zu hören ist, setzt innere Wahrheit und starke Gedankenform sich nach außen durch. Wenn ihre Gedanken gut und rein sind, zieht sie das Gute der anderen an sich, und sie verbinden sich. So wird ihre eigene Klarheit verstärkt, und ihre innere Wahrheit gewinnt an Einfluß in der Welt.

Sechs auf dem dritten Platz:
Sie lebt ganz in ihrer Liebe.
Unheil.

Die Spirituelle Frau lebt nicht für ihre Liebe und verschmilzt in ihrer Persönlichkeit nicht vollkommen mit ihrer Beziehung. Liebende erschaffen ein gemeinsames Leben, das in beider Vergangenheit und beider Kräfte wurzelt, so können sie Liebe und Einzigartigkeit austauschen und teilen. Geht eine Person ganz in der anderen auf, verlieren beide an Kraft. Jede muß für sich denken, handeln, entscheiden, dann kann die Beziehung wachsen und innerlich wahr sein.

Sechs auf dem vierten Platz:
Sie folgt ihrer inneren Wahrheit:
Klare Ziele.

Die Spirituelle Frau gewinnt ihr eigenes Licht und erleuchtet ihren Weg. Indem sie ihrer inneren Wahrhaftigkeit folgt, verbindet sie sich mit der Erde und dem Universum und versteht ihr Lebensziel. Indem sie verbunden und geerdet bleibt, nähert sie sich ihrem Ziel.

Neun auf dem fünften Platz:
Wahrheiten verbinden sich.
Kein Makel.

Die Spirituelle Frau erhält, was sie sucht, aber nur solange es der inneren Wahrheit entspricht. „Die Welt besteht aus mehr als der körperlichen Ebene. Und Magie arbeitet nicht gegen die Natur." (Diane Mariechild) Indem sie sich selbst verstehen lernt, verändert sich die Spirituelle Frau und gestaltet ihre Welt in Harmonie. Durch ihre Gedankenformen, Taten und Entscheidungen, durch ihren Willen und ihre Bestätigung richtet die Spirituelle Frau ihr Leben nach der inneren Wahrheit aus.

Oben eine Neun:
Leere Worte.
Beharrlichkeit bringt Unheil.

Leere Worte ohne innere Wahrheit sind Irrtümer, die zu nichts führen. Das äußere Leben der Spirituellen Frau wurzelt in ihrer inneren Wahrheit. Eine Frau, die sich bemüht, Schönheit in die Welt zu bringen und friedlich zu sein, und dies nicht in sich spürt, erhält die Oberfläche aufrecht, ohne dabei verbunden zu sein. Die Spirituelle Frau weiß, daß ihre Kraft nicht aus ihr selbst, sondern durch eine Verbundenheit mit der Ur-Kraft des Universums kommt. So kann sie diese ausstrahlen, aber nicht selbst erzeugen. (So wie der Hahn kräht, wenn die Sonne aufgeht, aber er kann nicht zum Himmel fliegen. Er ist nicht die Sonne, und wenn er nicht kräht, geht sie trotzdem auf).

62. Siau Go - die Macht der kleinen Dinge

— —
— — oben - das Erregende, der Donner, das Erwachen
———

———
— — unten: Gen - das Stille Halten, der Berg
— —

Des Kleinen Übergewicht ist der chinesische Name dieses Zeichens, die Macht der Beharrlichkeit, der kleinen Dinge. Die Kraft der festen Linien im Inneren der Trigramme siegt über alle Hindernisse und Frustrationen. Die Spirituelle Frau löst ihre Aufgaben, auch wenn sie schwierig sind, durch Selbstvertrauen und Beharrlichkeit. Auch Hindernisse und Herausforderungen bringen sie nicht zum Aufgeben. Sie ist eine Amazone, eine Kriegerin, eine Überlebenskämpferin, und ihre korrekte Lebensführung bringt Gelingen.

Das Zentrum
Beharrlichkeit. Sie erreicht ihre Ziele.

Beharrlichkeit in allen Dingen.
Gelingen zur rechten Zeit.
Die Erhabene Frau triumphiert.

Stärke, Integrität und Beharrlichkeit bringen den Erfolg. Diese Qualitäten werden innerlich genährt. Die Erhabene Frau nähert sich ihren Zielen mit kleinen Schritten, und ihre kleinen Erfolge sammeln sich zu erhabenem Gelingen. Sie hält auch durch, wenn Hindernisse und Widerstände in ihrem Weg liegen, aber sie läßt sich nicht in Konflikte verwickeln. In Zeiten der Fülle teilt sie mit ihren Schwestern. Sie lernt, zu erreichen, was sie muß, und dabei frei zu sein. Ihr Mut ist stark, durch Beharrlichkeit erreicht sie ihr Ziel.

Das Bild

Den Berg erwecken:
Beharrlichkeit.
Die Erhabene Frau
Erfüllt ihre Ziele.

Ein Donner auf dem Berg ist nah und mächtiger als in der Ebene. Die Erhabene Frau handelt wie der Donner auf dem Berg. Nah und unmittelbar nimmt sie ihre Handlungen, auch die kleinsten, wichtig. Sie lebt einfach, ohne Arroganz und Ausschweifungen. Sie bleibt an ihren Zielen und zeigt anderen Frauen Anteilnahme und Respekt. Indem sie beharrlich bleibt in ihrer Liebe und Entschlossenheit, wird die Erhabene Frau wie der Berg und der Himmel.

Die Bewegung

Am Anfang eine Sechs:
Noch nicht bereit.
Sie wartet.

Die Erhabene Frau handelt nicht, wenn ihr dazu die Fähigkeiten oder die Kraft fehlen. Der Vogel, der noch nicht flügge ist, bleibt im Nest. So läßt sich die Erhabene Frau von ihren Müttern helfen. Beharrlichkeit ohne Aussicht auf Erfolg und ohne Wahrheit ist unklug. Sie fliegt nicht gegen den Sturm.

Sechs auf dem zweiten Platz:
Sie sucht eine Mutter.
Erhabenes Gelingen.

Die Erhabene Frau wird mit einer Herausforderung konfrontiert, der sie allein noch nicht gewachsen ist. Anstatt die Situation mit ihren nicht ausreichenden Fähigkeiten zu verschlechtern, bittet sie eine Frau um Hilfe, deren Kraft ausreicht, so lernt sie neue Fähigkeiten und stärkt ihr Wachstum. Beharrlich, mit der Hilfe der anderen Frau erreicht sie ihr Ziel. Gutes Gelingen.

Neun auf dem dritten Platz:
Sie hat Vertrauen und Weisheit.
Gelingen.

Sorgfalt ist wichtig, wird aber zu oft nicht angewandt. Die Erhabene Frau handelt aus ihrer Stärke, aber Hindernisse liegen in ihrem Weg, die sie nicht überwinden kann. Vorsicht und Sorgfalt verhindern Fehler. Die Erhabene Frau verbindet Vertrauen mit Weisheit, so kann sie die Herausforderung annehmen und weiterkommen.

Neun auf dem vierten Platz:
Sie ist vorsichtig.
Und hält sich zurück.

Die Stärke der Erhabenen Frau wird durch Sanftheit gemildert. Sie weiß, wann sie fortfahren und wann sie aufhören muß. Bei dieser Linie des Hexagramms ist große Vorsicht geboten. Handeln bringt kein Gelingen. Sie wartet auf bessere Zeiten. Die Erhabene Frau lernt Geduld und wache Wahrnehmung. Sie forciert nichts, das nicht erreicht werden kann. Weiterzumachen würde Unheil bringen. Warten läßt Entwicklung zu.

Sechs auf dem fünften Platz:
Sie verbünden sich.
Erhabenes Gelingen.
Die Erhabene Frau verbündet sich mit ihren Schwestern, um ihre Ziele zu erreichen und die Gemeinschaft zu stärken. So können Wohlstand und Glück wachsen. Alle Fähigkeiten haben ihren Platz und werden gebraucht. Gemeinsam erreichen sie ihr Ziel.

Oben eine Sechs:
Sie trifft.
Unheil.
Die Erhabene Frau greift nach unrealistischen Zielen. Selbst wenn sie dieses Ziel erreicht, bringt es ihr kein Gelingen, weil ihre wahren Bedürfnisse und Fähigkeiten davon nicht berührt werden. Zuviel zu wollen bringt die Verhältnisse in Unordnung. Die Erhabene Frau weiß, wann es Zeit ist, aufzuhören. Ihre hohen Ideale kann sie erreichen, ohne die Balance der Natur zu stören. Wenn ihre Ziele nicht in Harmonie mit den Schwingungen des Universums sind, erzeugt sie Unheil.

63. Gi Dsi - nach der Vollendung

— —
——— oben: Kan - das Wasser, das Abgründige, der Kelch
— —

———
— — unten: Li - das Feuer, das Haftende, der Stab
———

Gi Dsi ist mit dem Zeichen 11, Friede, verbunden. Es ist der Augenblick vollkommenen Glücks nach der Rückkehr zur universellen Harmonie. Das Zeichen beschreibt die Herbsttag- und Nachtgleiche, den Übergang zwischen Sommer und Winter und zwischen Jungfrau und Waage. Wenn Tag und Nacht gleich lang sind, entsteht ein Augenblick vollkommener Stille, ehe der Winter langsam anrückt. Obwohl eine Jahreszeit der Ernte und Fülle, ist diese Zeit doch geprägt vom Rückzug des Lichts. Die Erde bereitet sich auf den Tod vor. Die Frauen der Hexenkreise treffen sich, um für Kore zu singen und die Samen, die im Herbst fallen, in die Tiefe der Winternacht zu begleiten, wo neues Leben aus ihnen entspringen wird. Hopifrauen gehen in die Kivas, um Heilungs- und Wiedergeburtszeremonien zu machen. Es ist die Zeit der Erfüllung, der Nachdenklichkeit, der Bewußtheit, spirituellen Kraft und inneren Wahrheit.

Wenn Gleichgewicht entstanden ist, folgt Veränderung. Vollendung ist eine gute Kraft, ist aber Vorstadium von neuen Anfängen und Zyklen. Das Rad dreht sich immer weiter, vollständiger Stillstand ist nicht möglich. Jedes Hexagramm im *I Ging für Frauen* beschreibt eine Kraft im universellen Rad, und jede Kraft weicht einer anderen. Wachsen, Fülle, Abnehmen und Vergehen spiegeln die Mysterien der Göttin.

DAS ZENTRUM

Ende und Neuanfang. Alles ist in Wandlung.

Das Rad dreht sich:
Vollendung
Und neue Bewegung.
Sie wandelt sich.

Wenn sich etwas erfüllt, steht die Veränderung schon vor der Tür. Erfolg kommt und zeigt sich. Es gibt einen kleinen Augenblick der Perfektion, jetzt ist alles offen: Entscheidungen, neue Handlungen, Klarheit. So entsteht eine Pause in Harmonie und Ruhe. Die Erhabene Frau genießt diesen Augenblick im Bewußtsein, daß sie wach bleiben und die Veränderung wahrnehmen muß. Auch wenn alles im Ausgleich ist, entstehen neue Ideen, neue Fakten, das Neue entwickelt sich aus dem Alten. Die Zukunft beginnt in der Vergangenheit. Die Spirituelle Frau schöpft ihr Entwicklungspotential voll aus und ist sich aller kleinen Veränderungen stets bewußt. Sie setzt ihre Zukunft in Bewegung, um ihre Vergangenheit zu vollenden.

DAS BILD

Feuer unter Wasser:
Der Zustand nach der Vollendung.
Die Erhabene Frau
Dreht das Rad.

Das Wasser im Kessel über dem Feuer droht überzulaufen und das Feuer zu löschen. Der Augenblick der Vollendung, wenn das Wasser kocht, ist auch der Augenblick größter Gefahr, daß alles zunichte wird. Es gibt Momente der Vollendung im Leben, in denen alles perfekt scheint. Solche Zeiten bergen Gefahr. Die Erhabene Frau ist sich dieser Gefahr bewußt und sieht jeden Zustand als vergänglich, sich wandelnd. Vollendung ist immer auch Ende und Neubeginn.

DIE BEWEGUNG

Am Anfang eine Neun:
Sie hastet zur Vollendung:
Kein Makel.

In einer Zeit der Veränderung überschlagen sich die Ereignisse, und alles drängt zum Ziel. Die Spirituelle Frau sieht die Vollendung in Reichweite und drängt zu ihrem Ziel hin. Gewalt und Eile sind aber nicht geeignet, die Spirituelle Frau rennt nicht unkontrolliert. Manche drängende Bewegung hat das Ziel weiter fortgeschoben. Ihre Integrität und korrekte Haltung bewahren sie vor Irrtümern.

Sechs auf dem zweiten Platz:
Sie wartet auf die Vollendung.
Erhabenes Gelingen.

Kurz vor der Vollendung sieht sich die Spirituelle Frau in einer Situation, in der sie nicht handeln kann. Ihre Entscheidungen sind gemacht, sie hat getan, was sie tun konnte, und ihre Pläne sind in Bewegung. Der Höhepunkt kommt, es gibt nichts mehr zu tun. So wartet die Spirituelle Frau ruhig ab und bleibt stark und klar. Jede Aktion wäre schädlich. Sie weiß, daß die Vollendung vor der Tür steht.

Neun auf dem dritten Platz:
Wachstum nach der Vollendung.
Sie ist erfüllt.

Nach der Vollendung kommt eine Zeit des Wachsens. Ein Becher mit Wasser wird gefüllt, geleert und wieder gefüllt. So wie die Jahreszeiten einander ablösen und das Leben im Frühling neu ausschlägt, wird auch eine Zeit der großen Energie in Frauen abgelöst durch Rückfluß und wieder neue Projekte. Die Spirituelle Frau ruht sich in den Übergangszeiten aus, um neue Kraft zu sammeln.

Sechs auf dem vierten Platz:
Konflikte tauchen auf
Und werden gelöst.

In Zeiten des Wachstums werden kleine Konflikte und Irrtümer gern übersehen. Wenn aber das Wachstum abgeschlossen ist, sind auch die kleinen Fehler mit gewachsen, und diese Hindernisse gewinnen an Macht. Aus den schönsten Kleidern werden Lumpen, da ist Vorsicht angesagt. Auch kleine Fehler und Irrtümer müssen korrekt ins Gleichgewicht gebracht werden, damit sie sich nicht später rächen.

Neun auf dem fünften Platz:
Spirituelle Kraft:
Erhabenes Gelingen.

Die Erhabene Frau handelt nicht, um Neid zu erregen. Was sie tut, tut sie aus innerer Überzeugung in Verbundenheit mit ihren spirituellen Kräften. So erzeugt sie in ihrer Vollendung keine schlechten Gefühle und bleibt im Gleichgewicht mit allem Lebendigen.

Oben eine Sechs:
Vollendung
Birgt Gefahr.

Die Spirituelle Frau hält nicht inne, wenn sie Glück hat, und ruht sich darauf aus, sie läßt sich aber auch nicht durch Mißerfolg oder Hindernisse entmutigen. Sie setzt sich in ihrer Begeisterung über das Erreichte nicht neuen Gefahren aus. Bewußt auch im größten Triumph bleibt sie am Puls des Lebens und gewinnt an Weisheit.

64. We Dsi - vor der Vollendung

———
— — oben: Li - das Feuer, das Haftende, der Stab
———

— —
——— unten: Kan - das Wasser, das Abgründige, der Kelch
— —

Die Vollendung steht unmittelbar bevor, aber noch zeichnen sich die Neuanfänge nicht ab. We Dsi ist eine Zeit der Vorfreude und Ahnung, jede Bewegung wird im Bewußtsein des Kommenden gemacht, Hoffnung und Vorbereitung der Fülle kennzeichnen dieses Hexagramm. Die gegensätzlichen Trigramme stehen in universeller Harmonie. Das Feuer erhebt sich über dem Wasser, ein atemberaubender Anblick.

Anfangszeit im Rad des Lebens ist der Frühling, die Stockung des Winters ist aufgelöst, Fruchtbarkeit und Fülle stehen bevor, es ist Widderzeit, Frühlingstag- und Nachtgleiche, bei den Hopi und in der alten europäischen Kultur. Im Gegensatz zum Zeichen 63 ist dieses Zeichen dem Wachstum zugeordnet. Es ist das letzte Zeichen im I Ging, das mit dem schöpferischen Universum beginnt und mit der Zeit vor der Vollendung endet. Der Kreis ist offen, aber nicht gebrochen.

Das Zentrum

Vor der Vollendung. Gelingen.

> Nach der Vollendung steht Neubeginn.
> Vor der Vollendung bewegt sich das Rad.
> Erhabenes Gelingen.

Neuanfänge sind angespannte, schwierige Zeiten und erfordern viel Kraft. Die Möglichkeiten sind jedoch grenzenlos. So gibt es im Rad des Lebens keinen Anfang und keine Vollendung, alles bewegt sich weiter neuen Möglichkeiten, neuen Hindernissen zu. Vor der Vollendung ist die Zeit größter Erregung und Vorfreude. Die Spirituelle Frau arbeitet ihrer Erfüllung zu. Im chinesischen I Ging ist das Bild der Füchsin beschrieben. Die alte Füchsin geht übers Eis und hat das Ufer fast erreicht. Sie stürmt nicht wie die junge Füchsin voran und fällt doch noch ins Wasser, sondern ihre ruhige Bewußtheit hilft ihr, das Ziel zu erreichen. In jeder Bewegung bleibt sie achtsam. So gelingt die Vollendung.

DAS BILD

Feuer über dem Wasser.
Beginn und Übergang.
Alles kommt auf
Den richtigen Platz.

Das Feuer strebt zum Universum, das Wasser fließt in die Tiefen. Alles bewegt sich im Einklang. Obwohl die beiden Elemente gegensätzlich sind, stören sie sich nicht, wenn jedes auf dem richtigen Platz ist. Die Spirituelle Frau balanciert ihr Leben nach der kosmischen Ordnung aus, in der alle Dualitäten eins werden. Erleuchtet durch Liebe und Anteilnahme, bewegt sie sich auf die harmonische Vollendung zu. Ihr Beginn sucht Vollendung und Erfüllung und das Rad, das sich immer weiter dreht, bringt neue Hoffnung.

DIE BEWEGUNG

Am Anfang eine Sechs:
Alles zur rechten Zeit.
Kein Makel.

In einer Zeit der Veränderung will eine Frau alles beschleunigen, so schnell wie möglich ihr Ziel erreichen. Wenn aber der Anfang nicht stimmt, stimmt die ganze Bewegung nicht, wie schnell sie auch immer sein mag. So findet sie nur Enttäuschung und Verlust. Die Spirituelle Frau behält ihre Ziele im Auge und bleibt gelassen. Sie weiß, wann sie warten und wann sie handeln muß.

Neun auf dem zweiten Platz:
Zu früh begonnen.
Sie wartet.

Die Zeit zum Handeln ist noch nicht gekommen. Die Spirituelle Frau wartet und weiß, daß das Rad sich dreht.. Sie entwickelt Talente, die sie zum Erreichen ihrer Ziele braucht, und verbindet sich mit dem Universum und der Göttin. So ist die Zeit nicht verschwendet, in der sie wartet. Sie bereitet sich vor.

Sechs auf dem dritten Platz:
Vor der Vollendung nichts erzwingen.
Neubeginn kommt.

Die Spirituelle Frau nimmt in Zeiten der Krise und der Veränderung ihr Leben selbst in die Hand. Veränderung ist notwendig und gut, aber sie nimmt Einfluß. Will sie aber etwas erzwingen und das große Wasser mit untauglichen Mitteln überqueren, kommt sie in Gefahr. Sie sichert sich die Hilfe ihrer Freundinnen.

Neun auf dem vierten Platz:
Widerstände, Zweifel, Streit:
Sie harrt aus, um neu zu beginnen.

Veränderungen bringen Vollendung und Neubeginn, aber Übergangszeiten sind voller Zweifel und Schwierigkeiten. Die Spirituelle Frau wandelt Hindernisse in Entscheidungshilfen um und verweigert sich der uferlosen Furcht. Weil sie verbunden bleibt und nicht in Panik verfällt, erfüllt sich ihr Ziel. Beharrlichkeit bringt Frieden und Erfüllung.

Sechs auf dem fünften Platz:
Das Licht geht auf.
Beharrlichkeit bringt Erhabenes Gelingen.

Die Spirituelle Frau strahlt im Licht ihrer Weisheit, ihr Ziel rückt in Reichweite. Sie überträgt ihre Kraft und Heiterkeit auf ihre Umgebung. Ihre Erfüllung und ihr Neubeginn entstehen durch ihr Zutun und durch ihre Verbundenheit. Sie weiß, daß sie im Einklang ist und nichts gegen die Gesetze des Universums forcieren will. So kommt Wohlstand mit Erfolg.

Oben eine Neun:
Sie beginnen im Kreis.
Und feiern.

Übergangszeiten werden in matriarchalen Gemeinschaften mit Ritualen und Festen üppig gefeiert. Die Kraft des Mondes wird gerufen, die Elemente gesellen sich dazu. Vollkommenes Vertrauen, vollkommene Liebe entstehen mit der Macht des Rituals. Die Schwestern sind in Harmonie mit den Sternen, der Erde, miteinander. In Einklang mit dem Rad des Lebens und der Göttin feiern sie.

Anhang 1

Chines. Monat	*Tierkreisz.*	*Jahresfeste*	*Hexagramm*
1. Monat Februar/ März	Steinbock/ Wassermann	Chin.Neujahr Lichtmeß Brigid Powamu (Hopi)	11. Friede
2. Monat März/April	Fische	Frühlingstag- u. Nachtgleiche Eostar Ismuya u. Kwiyamuya	34. Gerechtigkeit 64. Vor der Vollendung
3. Monat April/Mai	Widder/Stier	Beltane Kwiyamuya	42. Mehrung
4. Monat Mai/Juni	Stier/ Zwillinge	Beltane Kimuya	43. Durchbruch
5. Monat Juni/Juli	Zwillinge/ Krebs	Sommersonnenwende Litha Kamuya/ Kelmuya	14. Gaben der Göttin 44. Entgegenkommen
6.Monat Juli/August	Krebs/Löwe	Lammas Pamuya	30. Feuer
7. Monat August/ September	Löwe/ Jungfrau	Flöte und Schlange Zeremonie	12. Mißklang 33. Rückzug
8. Monat September/ Oktober	Jungfrau/ Waage	Herbsttag- und Nachtgleiche Mabon Esaumuya	55. Fülle 63. Nach der Vollendung

9. Monat Oktober/ November	Skorpion	Samhain Allerheiligen Allerseelen Wuwuchim	23. Zersplitte- rung
10. Monat November/ Dezember	Skorpion/ Schütze		20. Betrachtung
11. Monat Dezember/ Januar	Schütze/ Steinbock	Winter- sonnenwende Yule, Soyal	24. Rad des Lebens
12. Monat Januar/ Februar	Steinbock/ Wassermann	Chinesisches Neujahr Brigid, Lichtmeß Pamuya	19. Annäherung

Anhang 2

Tarot-Korrespondenzen:

Teil I

1. KIEN - das Schöpferische	Schwert/Ass
2. KUN - das Empfangende, die Erde	Die Herrscherin
3. DSCHUN - die Anfänge	Stab/Ass
4. MONG - die Jugendtorheit	Narr/Närrin
5. SÜ - das Warten (Nahrung)	Vier Kelche
6. SUNG - der Streit	Sieben Schwerter
7. SCHI - die gemeinsame Kraft	Gerechtigkeit
8. BI - das Zusammenhalten	Die Liebenden
9. SIAU TSCHU - der reinigende Wind	Schamanin der Schwerter
10. LÜ - das sanfte Auftreten	Tochter der Schwerter
11. TAI - der Friede	Die Kraft
12. PI - der Mißklang	Der Tod
13. TUNG JEN - die Gemeinschaft	Zwei Stäbe
14. DA YU - die Gaben der Göttin	Sechs Stäbe
15. KIEN - die Bescheidenheit	Die Mäßigung/Temperance
16. YÜ - die Begeisterung	Drei Münzen
17. SUI - die Nachfolge	Acht Kelche
18. GU - das Verdorbene	Hierophant
19. LIN - die Annäherung	Münze/Ass
20. GUAN - die Betrachtung	Priesterin d.Schwerter
21. SCHI HO - das Durchbeißen	Fünf Stäbe
22. BI - die Anmut	Acht Münzen
23. BO - die Zersplitterung	Der Turm
24. FU - das Rad des Lebens	Das Glücksrad
25. WU WENG - die Unschuld	Tochter der Münzen
26. DA TSCHU - die Weise Frau	Die Weise Alte
27. I - die Nahrung	Sechs Münzen
28. DA GO - Interessante Zeiten	Der Herrscher
29. KAN - die Tiefen	Die Hohe Priesterin
30. LI - das Haftende	Die Sonne

Teil II

31. HIEN - die Einwirkung	Zwei Kelche
32. HONG - die Dauer	Der Wagen
33. DUN - der Rückzug	Vier Schwerter

34. DA DSCHUANG - die Gerechtigkeit	Schamanin der Stäbe
35. DSIN - der Fortschritt	Die Magierin
36. MING I - die Verfinsterung des Lichts	Neun Stäbe
37. QUIA JEN - der Frauenklan	Die Welt
38. KIU - der Gegensatz	Sieben Stäbe
39. GIEN - das Hemmnis	Sieben Münzen
40. HIE - die Befreiung	Zehn Kelche
41. SUN - die Minderung	Tochter der Kelche
42. I - die Mehrung	Tochter der Stäbe
43. GUAI - der Durchbruch	Drei Schwerter
44. GOU - das Entgegenkommen	Sechs Schwerter
45. TSUI - die Sammlung	Zehn Münzen
46. SCHONG - der Baum des Lebens	Priesterin der Münzen
47. KUN - die Erschöpfung	Fünf Kelche
48. DSING - der Brunnen	Neun Kelche
49. GO - die Umwälzung	Die Gehängte
50. DING - der Kessel	Schamanin der Kelche
51. DSCHEN - das Erregende	Vier Stäbe
52. Gen - das Stille Halten	Neun Münzen
53. DSIEN - die Entwicklung	Schamanin der Münzen
54. GUI ME - Zusammenleben	Drei Kelche
55. FONG - die Fülle	Die Gerechtigkeit
56. LÜ - die Wanderung	Acht Stäbe
57. SUN - das Sanfte	Zwei Schwerter
58. DUI - das Heitere	Kelch/Ass
59. HUAN - die Auflösung	Zehn Schwerter
60. DSIE - die Beschränkung	Sieben Kelche
61. DSCHUNG FU - die innere Wahrheit	Priesterin der Kelche
62. SIAU GO - die Macht der kleinen Dinge	Priesterin der Stäbe
63. GI DSI - nach der Vollendung	Der Mond
64. WE DSI - vor der Vollendung	Der Stern

21. Dezember	Wintersonnenwende, Yule
2. Februar	Lichtmeß, Brigid
21. März	Frühlingstag- und Nachtgleiche, Eostar
30. April	Walpurgisnacht, Beltane
21. Juni	Sommersonnenwende, Mittsommernacht, Litha
2. August	Lammas, Lugnasad oder Schnitterinnenfest
21. September	Herbsttag- und Nachtgleiche, Mabon
31. Oktober	Allerheiligen (Alle Heilerinnen)
1. November	Allerseelen (Alle heilen Seelen) Hexenneujahr
13. Dezember	Luzia, Lichtfest

Schlüssel zum Auffinden der Hexagramme

Oberes Trigramm → Unteres Trigramm ↓	Kien ——— ——— ———	Dschen — — — — ———	Kan — — ——— — —	Gen ——— — — — —	Kun — — — — — —	Sun ——— ——— — —	Li ——— — — ———	Dui — — ——— ———
Kien ——— ——— ———	1	34	5	26	11	9	14	43
Dschen — — — — ———	25	51	3	27	24	42	21	17
Kan — — ——— — —	6	40	29	4	7	59	64	47
Gen ——— — — — —	33	62	39	52	15	53	56	31
Kun — — — — — —	12	16	8	23	2	20	35	45
Sun ——— ——— — —	44	32	48	18	46	57	50	28
Li ——— — — ———	13	55	63	22	36	37	30	49
Dui — — ——— ———	10	54	60	41	19	61	38	58

—x—	6		(dreimal Kopf)
———	7	(junges Yang)	(zweimal Kopf, einmal Zahl)
— —	8	(junges Yin)	(zweimal Zahl, einmal Kopf)
—o—	9		(dreimal Zahl)

Luisa Francia
Die 13. Tür
120 Seiten, DM 18,—
ISBN 3-88104-210-5
Luisa Francia
DIE 13. TÜR
Frauenoffensive

Heide Göttner-Abendroth
Die Göttin und ihr Heros
Erweiterte und vollständig überarbeitete Neuauflage
Frauenoffensive
Heide Göttner-Abendroth
Die Göttin und ihr Heros
Erweiterte Neuauflage
272 Seiten, Abb., DM 32,—
ISBN 3-88104-234-2